本书为北京市教育科学"十三五"规划2018年度优先关注课题
《新时期德育资源开发与共享机制研究》成果
课题编号：CEIA18036

"让学习真正发生"系列丛书

顶层设计 助力成长

韩巧玲　丁雁玲　主编

中国发展出版社
CHINA DEVELOPMENT PRESS

图书在版编目（CIP）数据

顶层设计　助力成长/韩巧玲，丁雁玲主编．—北京：中国发展
出版社，2021.7
ISBN 978 - 7 - 5177 - 1208 - 4

Ⅰ.①顶…　Ⅱ.①韩…　②丁…　Ⅲ.①网络教学—教学研究—
小学—文集　Ⅳ.①G434 - 53　②G622.0 - 53

中国版本图书馆 CIP 数据核字（2021）第 023799 号

书　　　名：顶层设计　助力成长
主　　　编：韩巧玲　丁雁玲
出 版 发 行：中国发展出版社
联 系 地 址：北京经济技术开发区荣华中路 22 号亦城财富中心 1 号楼 8 层（100176）
标 准 书 号：ISBN 978 - 7 - 5177 - 1208 - 4
经 销 者：各地新华书店
印 刷 者：北京市密东印刷有限公司
开　　　本：710mm × 1000mm　1/16
印　　　张：16.75
字　　　数：240 千字
版　　　次：2021 年 7 月第 1 版
印　　　次：2021 年 7 月第 1 次印刷
定　　　价：55.00 元

联 系 电 话：(010) 68990642　68990692
购 书 热 线：(010) 68990682　68990686
网 络 订 购：http://zgfzcbs.tmall.com
网 购 电 话：(010) 68990639　88333349
本 社 网 址：http://www.develpress.com
电 子 邮 件：fazhanreader@163.com

本 书 编 委 会

本册编写人员名单 （按姓氏音序排序）

陈 纲　陈 燕　崔 旸　范汝梅　高李英　谷 莉　郭志滨　韩巧玲

洪 伟　金少良　李 娟　王 欢　王 伟　闫 旭　张 凯　张 怡

张均帅　张立新

前　言

让真正的学习发生在"场"上

一场跨年而来的新冠肺炎疫情，让学校在积极应对中加速了正在发生的教育变革。特殊时期，史家人致力于为学生居家学习创生运化一个无时不有、无处不在、无往不至的成长引力场，让学生于在"线"更在"场"的真实学习中自主创拓成长的无限可能。

一、"漫教育"——基于育人泛联的成长引力场打造

"漫教育"是一种基于"场"视角的教育形态构想，指所有教育因子像空气一样弥漫在学生学习行为与生命意义的引力场中，并在基于未来牵引的育人泛联中给成长无限可能。基于场域分隔与主题整合的疫期教育中已含有漫教育的重要生长因子，即成长引力场中的育人泛联。育人泛联的内在要义是，以成长主题统合线上线下的交变场景，形成泛在的引力节点，由学生主体掌握线上线下的交互工具，形成多向的学习接口，两者合力推动教育从"体"向"场"的升级跃变，让真正的学习发生在线上线下融合的成长引力场上。

史家教育围绕"具有家国情怀的顶天立地的中国人"的育人目标，在课程供给中按防疫阶段不断微调、持续升级，从基于"超量供给、自主选择"强化横向弥漫的和谐课程1.0，到凸显"新旧衔接、方法指导"强化纵向弥漫的成长课程2.0，再到强调"学科教学、整合综述"强化环向弥漫的发展课程3.0，努力让学生的居家学习时光弥漫着引人入胜的生命成长气息。

二、"融学习"——基于召唤结构的成长内驱力激发

"融学习"指学生在由不确定性形成的召唤结构中内在贯通各种成长要素、实现整体发展的创新学习样式。疫情暂时阻断了学生返校的脚步，却瞬时延展了学生成长的心路。在特殊时期的学习中，学生面对一种成长的召唤结构。接受理论认为，"召唤结构"指作品中存在意义不确定甚至空白，它们召唤读者将其与自身经验及想象世界联系起来，从而使有限文本具有意义生成的无限可能性。疫情期间，各种不确定性与返校空白恰恰为学校教育的召唤结构提供了现实素材，也给特殊时期的学生成长创生了原来未有的可能。

在"融学习"中，史家教育努力让学生最大限度地泛联真实的成长资源，并基于多元资源获取的自适应学习，在内驱力、生长力、学习力步步形成、层层递增中真正实现志在家国、学无边界。在此过程中，学生形成了基于自觉参与的学习动机之融、基于自我管理的学习内容之融、基于自主学习的学习方法之融、基于自信表达的学习成果之融等一系列"融学习"实践样式。

三、"大先生"——着力挖潜新时代教师的角色内涵

习近平总书记说，教师不能只做传授书本知识的教书匠，而要成为塑造学生品格、品行、品味的"大先生"①。新时代教师要立志当"大先生"。疫情让许多教师成为"全面手"，"教师跨界"与"跨界教师"已经成为教育现实。

史家人倡导教师在专业、志业、德业的层递发展中做好学生生命成长中的"大先生"——跨越校社边界，在"预判"形势中引领学生遵守全民防疫的要求，正确认识社会；跨越家校边界，在"切中"痛点中判断学生成长诉求及指向差异，进行积极引导；跨越成长边界，在"贯通"成长中关注学生多要素发展、长链条发展、全方位发展；跨越

---

① "习近平首次点评'95后'大学生"，人民网，2017年1月3日（http://cpc.people.com.cn/n1/2017/0103/c64094-28993285.html）。

课堂边界，在"重构"教学中促进学生思维发展、提高学习能力；跨越质效边界，在"优化"评价中减负线上课堂、激活线下能量。与此同时，史家人基于教师领导型治理结构，着力推动以"大先生"为内在追求的领袖教师群在"班级社区"这个疫期真实工作场景中不断贯通"漫教育"和"融学习"。

　　疫情如同一面镜子，让史家人更好地鉴照当下、映照未来。疫情也如同一份考卷，让史家人把教育变革的思考与实践尽心竭力地书写下来。《让学习真正发生》丛书由此成编。丛书第一册串列课程方案、新闻报道及班级社区内容，第二、三册并列基于各学科教师教学设计的优质课程，第四册统列基于观点提炼、案例点评的经验汇总，从整体构建、立体实施、集体成果三个层面对处在全场、更在前场的疫期史家教育作出了较为详实的记录。弘文励教，办学育人。人的价值就是发展的价值。就让我们在成长引力场上以更加坚定的信心、更加昂扬的斗志、更加笃实的行动，激活发展的无穷能量吧！

编者

2020 年 5 月 15 日

目 录

第一章

史家教育集团"延期开学不停学"课程总体构建及实施方案

大疫当前　大义在肩

——史家教育集团疫情防控工作简述

▌王　欢　洪　伟　金少良

疫情就是命令，防控就是责任。新冠肺炎疫情暴发之后，在两委领导的统一部署和榜样带动下，史家教育集团迅速响应，积极作为，奋力投身疫情防控阻击战，守护全体师生生命与健康。下面是集团疫情防控工作的汇报。

一、强化政治担当，构建党建堡垒的"硬核"

一是站好党员干部"先锋岗"。在这场战"疫"中，集团党员干部做到守土有责、守土担责。在党总支统一部署下，各位党员干部牵头成立"数据统计上报组""延迟开学网上教学组""政策传达方案制定组""卫生防疫后勤保障组"，全面激活集团抗击疫情的"免疫系统"，让党旗在防控疫情斗争第一线高高飘扬。我们的党员干部辗转于医院陪护老人、学校工作推进、线上工作交流之间，24 小时在岗，随时待命，大家纷纷感言，"共产党员不能搞特殊，但我们都是由特殊材料、特殊品质锻造成的"。

二是吹响党员群体"集结号"。党组织这个肌体是不是具有强大的免疫力、抵抗力，取决于一个个党员细胞。为此，党总支在广大党员群体中发起"胸有家国　怀抱春光"的倡议——在这场战"疫"中带头彰显党员政治本色、带头彰显教师育人角色、带头彰显史家立德特色。

"关键时刻党员上。我是党员，我报到"，广大党员纷纷以昂扬的姿态响应党总支的倡议和号召。短短 2 个小时，249 名党员完成网上宣誓，"回社区报到、回学校报到、回班级社区再报到"成为全体党员参与防控工作的最强音。在"双报到"机制引领下，党总支还根据学生成长需求，创新开展党员回班级社区报到工作，为 6 个年级相同班号的 18 个班级社区配备 18 个临时党小组，传递党组织的关怀。

三是筑牢群众凝聚"防护墙"。疫情防控离不开广大群众的群策群力。党总支在防控工作中凸显"群动党建、聚力史家"的党建特色，充分发挥党组织对各群团组织的领导作用，引导广大群众参与到防控工作中来。集团成立由校长、书记牵头的防疫宣传工作核心组，守好公众号这一舆论阵地，策划多篇防疫主题推送——党员报到、班主任报到、工会报到、少先队报到、金帆社团报到……呈现出党群、师生共集结，群情激昂、各尽其责的良好态势。以少先队报到为例，集团各校区 88 个中队和 18 个预备中队 10 分钟内线上集结报到完毕，迅速响应党组织号召。可以说，在党总支引领下，我们强信心、暖人心、聚民心、筑同心，奏响了防控工作的"主旋律"，凝聚起众志成城、共克时艰的强大正能量。

二、压实主体责任，传递疫情防控的"温情"

一是建好防控信息"大数据"。数据的准确传递是疫情防控的生命线。面对校区广、人员多、情况杂、变化大的数据状况，集团统一制定工作方案、明确工作流程，做到精准、迅速上报，完成 6806 名学生、560 余名教师的信息采集与更新工作。数据的上报凝聚着众多干部、教师的心血。在这一过程中，集团力求让大数据派上大用场。因为，数字的背后是数千个家庭，学校主动了解相关问题，第一时间做到问题反馈与困难化解，将集团的关爱与温情传递到千家万户。

二是做好困难帮扶"细关爱"。通过系统摸排，集团有 36 名学生、

4 名教师的直系亲属奋战在抗疫一线，16 组学生家庭滞留湖北，有教师居住小区出现疑似病例。针对这些需要特殊关爱的师生群体，集团组织专人针对不同情况制定个性化帮扶方案，通过一事一议，制定切实可行的帮扶方案。王欢校长与滞留湖北的学生家庭——进行电话沟通，做到隔断疫情，不隔离爱。

三是开展校园安全"微治理"。无论是假期，还是疫情缓解后的复课时期，校园安全始终是师生健康的第一道防线。学校全面研判疫情防控需求，从细微之处下功夫，将防控工作的各项部署迅速传递给各个管理末梢，全面提升校园安全治理水平，为师生回"家"做好准备。在集团行政领导的"四不两直"督查过程中，各校区的安全管理已深入出入登记、口罩佩戴、体温检测、定期消毒等每一个细节中。

三、深化立德树人，直抵育人深处的"柔软"

大疫面前，教育的大义就是要创新完成立德树人的根本任务，为党育人，为国育才。这样一节人生大课，要求我们做好如下工作。

一是要给孩子讲述"国家免疫力"。学校充分挖掘各学科育人价值，讲好这节疫情防控的"思政课"。让学生充分感受中国特色社会主义制度具有牢固的共同思想基础、集中力量办大事的显著优势和自我纠偏、自我完善的旺盛生机活力。我们给孩子讲述中国速度、中国力量和中国精神的同时，也要教会孩子如何正确看待那些负面消息。疫情过后，通过总结经验、系统反思，我们的"国家免疫力"只会变得更强。

二是为孩子构建"家校免疫力"。应对新冠肺炎疫情，我们的家校沟通 24 小时在线，教育的温暖通过网络传递。"妈妈读书会""爸爸运动队""星期六课程"等家校育人品牌项目在这场战"疫"中反响好，与学校一道实现"理念共识、教育共为"。集团深入调研特殊时期家长的特殊需求，与家庭教育专业机构一同打造"和谐课堂"，向家长有针对性地推送"每日一课"，涉及 8 个主题单元、365 个主题课程，全面提升家校协同水平。

三是帮孩子形成"个体免疫力"。集团制定《"延期开学不停学"工作实施方案》，帮助学生突破"书本知识就是全部世界"的认识局限，引导学生开启居家学习新模式，让疫情成为学生成长的教科书。目前，集团已完成两周的课表编排，共计 56 节次的网上课程已经全部就绪，确保 2020 年 2 月 17 日准时上线开课。若干年后回顾这场疫情，孩子们的记忆里不仅仅只有"中国加油，武汉加油"的声援，更多的应是在这场战"疫"中形成心怀家国、志存天下的内驱力，养成尊重科学、独立思考的学习力，生成"五育并举"、逐梦成长的生长力！

大疫当前，大义在肩，直抵内心深处的"柔软"，我们才能真正坚强！在党组织引领下，史家第一阶段各方力量已经线上集结报到。下阶段的重点，是不断总结史家教育的经验，带领学生好好学习、天天向上，要让孩子们清晰地领悟到真正的胜利不仅仅是攻克病毒，更是自我成长！

做顶天立地的教育人

——2019～2020 学年第二学期史家教育集团工作计划

▌王　欢　洪　伟　金少良

2020 年是"两个一百年"奋斗目标历史交汇点，本学期集团的总体工作思路是：以习近平新时代中国特色社会主义思想和党的十九大精神为指引，按照全国、全市、全区教育大会相关部署，秉持"和谐＋"集团发展理念，按照"种子计划"战略布局，一手抓疫情防控，一手抓事业发展，不断推进教育综合改革，办好人民满意的教育。

一、同舟共济，打赢防控战"疫"

"停课不停学"期间，要深刻认识做好首都疫情防控工作的极端重要性，贯彻落实党中央、北京市、东城区关于疫情防控的各项决策部署，准确把握教育战线的当前形势，切实增强首都教育的大局意识，深入研判集团育人实践，把疫情防控工作抓紧、抓实、抓细，为正式开学做好各项准备。

学生正式开学后，一是守好校园防控阵地，加强个人防护与清洁消毒等防控宣传和管理，创造安全、健康、有序的校园环境；二是做好疫情防控工作复盘，讲好抗击疫情故事，深入挖掘这场战"疫"中的典型案例，巩固育人成果；三是做好教学衔接，精准分析学情，掌握学生居家学习情况，制订有针对性的教学计划，加强对身处疫情防控重点地区不能按时返校的学生、抗疫一线人员子女等重点群体的关心与关爱，落实个性化教学辅导。

二、举旗定向，强化组织保障

一是高标准抓好党建工作。坚持党对教育事业的全面领导，按照"群动党建、聚力史家"的党建特色，以及"党建引领改革，党建促进发展"的工作思路，做好"不忘初心、牢记使命"主题教育成果转化工作，为全面落实立德树人根本任务提供坚强的政治保证。

二是高站位明确育人导向。本着为党育人、为国育才的办学高度，积极推进育人模式的整体变革，践行"以家国情怀为底蕴的系统育人模式"，不断明确育人工作的政治方向和战略定位，积极回应"培养什么人、怎样培养人、为谁培养人"这一根本问题。

三、"五育并举"，强化综合育人

面向"整体的人"开展综合育人是素质教育的本质要求。本学期我们的育人工作要以"五育"为抓手，在"并举"上下功夫，发挥育人合力，使得"五育并举"与学校育人模式及课程建设实现理念契合、实践贯通。

一是突出德育实效。凸显价值引领，将思想政治教育融入育人全过程，促使学生道德认知与道德行为和谐统一；深化德育研究，系统总结学校在课程育人、文化育人、活动育人、实践育人、管理育人、协同育人方面的育人成绩，形成系列成果；擦亮德育品牌，继续推进以服务学习为代表的品牌项目，扩大品牌影响；优化德育合力，健全学校、家庭、社会、网络多位一体的育人工作机制。

二是提升智育水平。开展无边界课程品质提升工程，着力培养学生的认知能力，促进思维发展，激发创新意识。课程理念上，完善无边界课程顶层设计理念与学科落实方案，使得课程体系在功能、形态、内容、管理等各维度实现逻辑自洽。课程架构上，完善无边界课程架构图谱，将年级特色课程与新增品牌课程纳入学校课程管理框架，以更加系统、科学、整合的方式进行优质课程的精准供给，服务于学生成长。此外，依托东城区"国家级智慧教育示范区"建设，推进智能化教学方式变革，探索未来学校建设。

三是强化体育锻炼。牢固树立健康第一的教育理念，进一步推进集团体质健康工程。以迎冬奥会为契机，完善体育锻炼平台，不折不扣落实好"体锻一小时"，致力于"增强身体素质，强健体格；启迪身心智趣，滋养性格；塑造坚韧勇敢，完善品格"，为每一个孩子的未来打好健康的底子。

四是增强美育熏陶。实施学校美育提升行动，以金帆舞蹈团、金帆合唱团、金帆管乐团、金帆书画院等金牌社团为龙头，发挥艺术教育国家课程与戏剧、微电影等校本课程的育人合力，整合美育教育资源，拓展美育教育渠道，培养学生发现、感知、欣赏、评价美的意识和基本能力，形成健康向上的审美价值取向。

五是加强劳动教育。明确劳动教育在学校育人模式及无边界课程体系中的重要地位，充分认识新时代劳动教育的价值属性、社会属性、历史属性和审美属性，将劳动教育融入学生日常学习和生活中。完善劳动课程供给，依托创意生活社区课程群，在创新教育生态体系构建中不断培养学生劳动意识和加强劳动技能教育，弘扬劳动精神。

四、素质导向，强化课堂变革

一是以课例研究为载体，推进教学方式变革。继续依托日常教学研修、市区教学赛事，聚焦学生素质提升，开展系列课例研究活动，倡导启发式、互动式、探究式教学，开展研究型、项目化、合作式学习，促进信息技术与教育教学的深度融合应用，不断推进"学思知行"课堂模型的落地实施。

二是以评价改革为抓手，促进学生素质培养。根据"五育并举"的发展要求，树立科学的教育质量观，不断完善"学生学习表现 AB 评价模式"和"学生学业成长树（24 点）标准"，强化过程性和发展性评价。同时，在学生评价、教师评价、班级评价、学校评价过程中，注重素质导向，在集团范围内建立以素质教育为导向的科学评价体系。

五、师德为先，强化队伍建设

一是系统提升师德素养。把提高教师思想政治素质和职业道德水平摆在首要位置，将社会主义核心价值观贯穿教书育人全过程，突出全员、全方位、全过程师德养成。挖掘疫情防控工作中涌现出的师德典型，弘扬史家精神。做好师德考核工作，建立健全师德建设的保障机制、激励机制和约束机制。

二是稳步提升育人能力。面向教师专业知识、专业技能、专业态度的发展，开展系列师资培训项目，全面提升教师专业化水平。继续依托"史家学院"建设，积极引进北师大、中国教育学会、北京教科院等高端平台，进一步完善"教师领导型治理结构"，形成"互为领袖、互相追随"的发展格局。强化市、区各级科研课题引领，发挥教育科学研究对集团教育改革与发展的推进作用，促使教师在真实育人场域中自觉开展课题研究，全面提升教师的反思成长与学术表达能力。

六、成果共荣，强化集团发展

一是深入推进集团发展战略。进一步发挥集团发展战略凝聚发展共识、凝练核心价值的作用，推进各校区、各部门依据《〈史家教育集团三年发展规划纲要（2018—2020 年）〉任务分解表》，按照固化经验、深化实践、强化成果的发展路径，进一步凸显"多元群动、和谐共治"的教育均衡发展格局，不断深化集团育人实践。

二是持续优化集团管理运行。根据"条块并举、纵横贯通、统分结合"的运行架构，进一步发挥五大机制的联动作用，优化六大中心建设，提升干部队伍管理水准，完善议事规则和决策程序，促进集团治理体系与治理能力的现代化。

三是聚力拓展集团育人成果。进一步总结与推广集团育人的史家经验、史家标准、史家模式，做好雄安新校区建设，助力教育脱贫攻坚战，从而汇聚社会力量，彰显史家品质，扩大史家影响。

家国情怀顶天，育人实践立地。全体史家人将继续发扬拼搏奋斗精神，坚定发展信念，满怀使命、满载责任、深化改革，为办好人民满意的教育而不懈努力！

史家教育集团延期开学不停学课程实施总方案

王 欢 洪 伟 韩巧玲

一、指导思想

认真贯彻落实习近平总书记对新冠肺炎疫情防控工作的指示和李克强总理的批示精神，要把人民群众生命安全和身体健康放在第一位。落实中共中央政治局常务委员会会议精神，以及教育部、北京市委市政府加强新冠肺炎疫情防控工作要求，有效防控新冠肺炎疫情在大中小学、幼儿园和校外培训机构传播。北京市委市政府决定全市大中小学、幼儿园 2020 年春季学期延期开学。本着主动作为、特事特办的宗旨，史家教育集团建立延期开学不停学的工作体系，制定合理、有效、科学、周密的工作实施方案。根据集团学生实际情况，借助现代化信息手段，通过多种渠道构建有效的家校联通机制，为学生拟定学习课表和生活指南，指导学生安排好居家学习及生活，共同度过这一非常时期。

二、工作目标

"一校一策"研究制定离校学生在延期开学不停学期间的身心教育、学习内容、家庭活动的具体实施方案，引导学生在此特殊时期不离家、不返校。班主任和学科教师共同指导学生在家期间的学习任务和家庭活动，定期向学生了解相关学习情况，通过电话、网络等各种方式做好学生的答疑、指导工作。与此同时，要特别重视做好学生的思想教育和心理健康指导，维护学生的身心健康。

三、管理体系

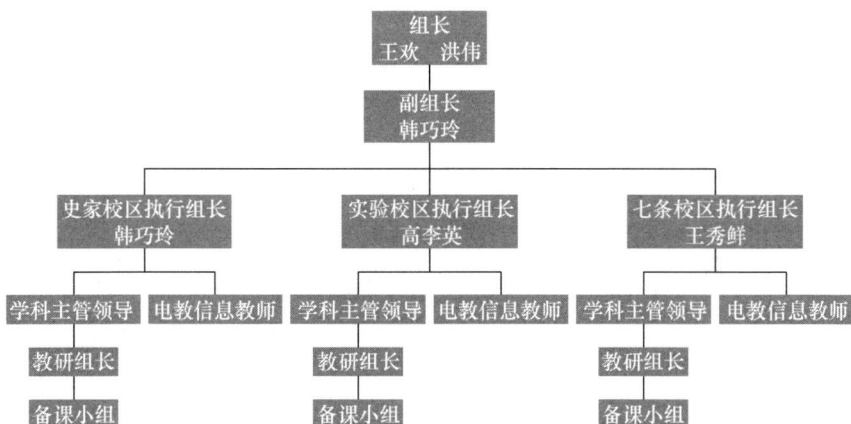

四、工作措施

1. 成立"延期开学不停学"工作实施职能小组，设立组长、副组长、执行组长。在职能组长的带领下集团统一部署，制定整体方案，各校区结合各自学校特色进行个性化调整。

2. 各校区执行组长组织各学科主管领导认真学习市、区下发的文件和工作指南，以立德树人、"五育并举"、保证学生身心健康为出发点，结合不同学科、不同年龄特点，制定切实可行的实施方案。认真落实学生居家线上学习内容及方式，以各学科精选的教学内容为主，增加经典阅读及个性化学习内容，并补充校区精品课程。鼓励学生采用项目式学习、探究式学习、研究性学习等学习方式完成学习任务。科学制定适合本校区学生的学习课表和作息时间表，正确引导学生居家期间的学习和生活。

3. 在学科主管领导和学科教研组长的组织协调下成立备课小组，制定各学科各年级的具体授课方案，共同备课，共同研讨，设计出高质量的、有针对性的、有实效的教学设计。根据学生的年龄特点和学科特点，可以采取微课、空中课堂、网络学习等方式，带领学生开展学习活动。学科领导、教研组长做好录课的监听工作，要严格把好质量关。

五、工作要求

1. 思想上高度重视。在特殊时期，共产党员和干部要有政治意识、大局意识，充分发挥先锋模范作用，有担当精神，起引领作用，以积极向上、充满正能量的心态和姿态影响和带动周围的教师。为保社会一方安定，为共同度过危难时期，家、校、社会团结协作，共同联手，打赢这场没有硝烟的战争。

2. 执行中遵守流程。各校区执行组长带领校区学科主管领导制定本校区的"延期开学不停学"的具体实施方案。学科教研组长要带领本组教师严格按照方案中制定的授课内容、一日学生学习课表和在家活动指南的安排，完成各校区、各学科的教学任务。教师个人不能擅自更改授课内容，也不能以任何理由给学生增加额外的学习任务，加重学生的学习负担。在网络授课过程中如果遇到任何突发事件，第一时间要上报学科主管领导，学校统一协调解决问题。

3. 工作上认真负责。本着服务学生的宗旨，每位教师对于自己承担的教学任务要认真对待，结合学生实际撰写教学设计，授课内容科学严谨，教学方法灵活多样，学习方式自主开放。对于自己所教班级的学生，要及时沟通，耐心、细致地做好学生的答疑工作，定期了解学生在家的学习状况，反馈学生的学习情况，对于自己所教班级的学生在家学习的整体情况要做到心中有数。

开学延期　成长如期

——史家教育集团"和谐课程1.0"课程实施方案

■ 韩巧玲

为落实中共中央政治局常务委员会会议精神，以及教育部、北京市委市政府、东城区教委加强新冠肺炎疫情防控工作要求，有效防控新冠肺炎疫情在大中小学、幼儿园和校外培训机构传播，经市委市政府同意，市委教育工委、市教委决定2020年春季学期延期开学。面对突如其来的疫情，我们不能等、不能靠、不能观望。把学生在延期开学期间的一日学习和生活有序地组织起来，就是我们的使命和担当。史家教育集团在王欢校长和洪伟书记的带领下，于2020年1月26日在区里召开电视电话会议后，紧急召开了集团校级领导班子会议，部署整体工作，以把师生生命安全和身体健康放在第一位为出发点，有效地组织好教师和学生在此期间的学习与生活。以此为宗旨制定以下实施方案。

一、职能小组定方向

（一）成立集团职能小组

集团职能小组的成立，为延期开学不停学教育教学工作提供了组织保障。在校长和书记的带领下，三个校区的教学干部多次召开会议，对工作进行整体布局，制定科学、合理、务实的课程实施方案。

集团职能小组具体成员如下：

组　长：王欢、洪伟

副组长：韩巧玲

校区执行组长：韩巧玲、高李英、王秀鲜

学科执行领导：范汝梅、陈燕、李娟、韩巧玲、崔旸、郭志滨、谷莉、陈纲、张凯、张立新

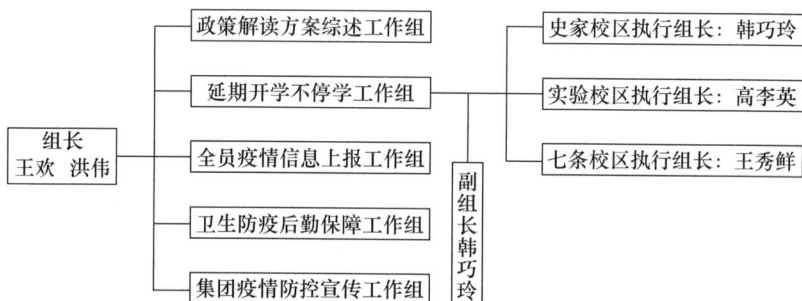

（二）制定工作流程

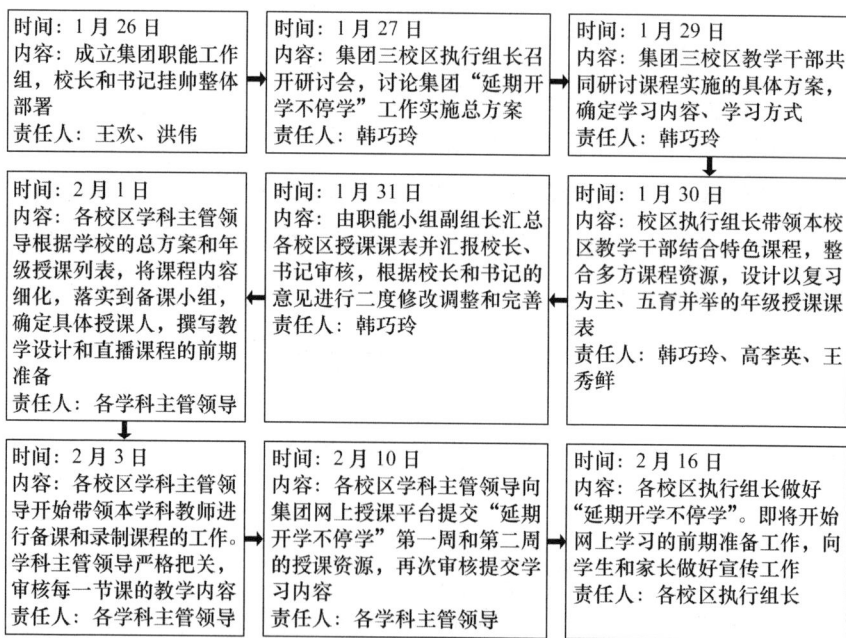

时间：1月26日 内容：成立集团职能工作组，校长和书记挂帅整体部署 责任人：王欢、洪伟	时间：1月27日 内容：集团三校区执行组长召开研讨会，讨论集团"延期开学不停学"工作实施总方案 责任人：韩巧玲	时间：1月29日 内容：集团三校区教学干部共同研讨课程实施的具体方案，确定学习内容、学习方式 责任人：韩巧玲
时间：2月1日 内容：各校区学科主管领导根据学校的总方案和年级授课列表，将课程内容细化，落实到备课小组，确定具体授课人，撰写教学设计和直播课程的前期准备 责任人：各学科主管领导	时间：1月31日 内容：由职能小组副组长汇总各校区授课课表并汇报校长、书记审核，根据校长和书记的意见进行二度修改调整和完善 责任人：韩巧玲	时间：1月30日 内容：校区执行组长带领本校区教学干部结合特色课程，整合多方课程资源，设计以复习为主、五育并举的年级授课课表 责任人：韩巧玲、高李英、王秀鲜
时间：2月3日 内容：各校区学科主管领导开始带领本学科教师进行备课和录制课程的工作。学科主管领导严格把关，审核每一节课的教学内容 责任人：各学科主管领导	时间：2月10日 内容：各校区学科主管领导向集团网上授课平台提交"延期开学不停学"第一周和第二周的授课资源，再次审核提交学习内容 责任人：各学科主管领导	时间：2月16日 内容：各校区执行组长做好"延期开学不停学"。即将开始网上学习的前期准备工作，向学生和家长做好宣传工作 责任人：各校区执行组长

二、加强管理保安定

正像北京市委教育工委副书记李奕在网络直播中所说的，延期开学

打乱了学校的教学进度和教学节奏，在这段时间如何将在家的学生有效地组织起来，让延期开学不停学期间的教育教学能够进入一个和谐、稳定、健康的状态，就要切实加强管理。

（一）做好课程管理

科学制定学校教育教学和管理方案，构建基于素质教育的学生居家学习课程体系。本着让学生"有能力做有意义的事"的教育理念，结合学科特色和学生年龄特点，制定科学、合理的学习内容和学习方法。学习内容以复习为主，不允许以任何理由大量增加新知识的学习，加重学生的学业负担。教学方式灵活多样，以研究性、探究性、开放性等学习方式展开，德、智、体、美、劳"五育并举"，全面安排。

（二）做好教师管理

面对疫情与延期开学，教师的思想认识和心态也需要引导和调整。

教师要有大局意识，要承担起指导学生居家休息、防疫和学习的任务，维护社会稳定。特别是在关键时期、关键时刻，党员干部、教师要起先锋模范作用、勇于担当、勇于奉献。集团要求全体教师无特殊情况、紧急状况最好不离京，并以最安全的方式，在家做好自我隔离，防控疫情，为保障2月17日开学能准时上岗做好前期准备。在此期间，在家中根据学校的课程方案开始备课、录课。

（三）做好学生管理

教师通过每日与学生的互动和交流，了解到学生在家的一日学习与生活状态。学生本该享受放松、开心、无拘无束的假期，却被困在家中。面对严峻的疫情，学生和家长的心态需要格外关注。此时期教师更应该加强对学生的正面引导。做好学生管理共分为三个阶段：第一阶段是寒假期间，重点做好学生的心理辅导，以及一日生活和寒假作业指导，让学生以积极的心态面对疫情、面对不能走出家门的恐慌。组织学生用自己的方式向战斗在抗疫一线的白衣天使和英勇的官兵致敬，厚植家国情怀、责任担当。第二阶段是"延期开学不停学"期间，为学生提供丰富的史家特色课程。通过丰富的课程培养学生的综合素养，力争做到开学延期，成长如期。第三阶段是正式开学后，学生能够正常到校参加一日生活学习时，重点引导学生调整心态，调整作息时间，开始有计划、有秩序的一日生活。通过三个阶段不同的关注点，全方位做好学生的管理工作，让家长和学生感受到社会的关注、学校的关心、教师的关爱。

三、课程构建重整合

东城区召开的第四次疫情防控电视电话工作会议指出，学生在家学习生活的内容以复习巩固知识、探究性研究性学习、阅读经典文学作品、加强体育锻炼、参与家务劳动等为主，各中小学不得以任何形式集体组织上新课，也不得举行任何形式的教学活动和集体活动。那么如何设计我们的课程，让学生的学习内容丰富、学习方式灵活，在这一特殊时期还能落实立德树人、"五育并举"，我们想到了一个关键词就是"整合"。

整合一：如何将课内知识复习与"五育并举"进行有效整合。如把当前的时政和学生在家自主学习有可能出现的问题，家长在家陪同孩子学习有可能出现的困惑，与道法课和服务学习课程相结合，以当前学生经历的新冠肺炎疫情为素材，让学生感受到社会主义制度的优越，感受救死扶伤、众志成城、共克时艰的豪迈。给学生提供心理辅导，进行生活、生存、生命教育。讲疫情防控的小知识，面对疫情，作为学生应该怎样做。培养法治意识，在了解疫情的过程中培养学生爱国、责任、担当的家国情怀，体现立德树人。

整合二：如何将国家课程与学校特色课程进行有效整合。以语文课为例，凸显经典阅读，与学校读书社特色课程进行整合，为学生做整本书阅读的指导，同时可以为学生提供阅读书单，网上推荐和学校阅读书目相结合。还可以中华传统文化为切入点，与国博课程和数学品源至慧课程相结合，既有学科知识的融入，又有历史文化的积淀，培养学生的民族自信和民族自豪感。

整合三：如何将学生的课程学习与居家生活进行有效整合。如把对学生的劳动教育与学科课程的学习相结合，指导学生做一些力所能及的家务，培养学生的家庭责任感和主人翁意识。结合劳技课指导学生实践操作，在巩固知识的同时培养学生的劳动意识、劳动技能和劳动兴趣。

整合四：如何将社会平台资源与学校课程进行有效整合。遴选官方推荐的高品质学习平台，如北京市数字学校、歌华有线的空中课堂。根据学生的学习情况将平台推荐给学生，作为学生自主学习的内容，给学生提出学习建议或大问题，带着思考参与学习，并进行课后的练习与指导。

四、一日学习巧安排

根据疫情防控工作的事态发展，大中小学、幼儿园都延期开学了。如何在延期开学这段时间组织好学生在家的学习和生活，如何给学生提供丰富多彩的、具有史家集团特色的课程学习？由此我们想到了，此时恰恰适合将以"博·悟"定位的无边界课程中的特色品牌课程推介给学生。这样的课程集综合性、实践性、探究性、开放性于一体，让学生在博览、博学、博物的前提下悟人生道理、悟生命价值。此时不应该关注和强化学生学多少知识、背多少书、做多少题，而应该更多地关注学生的身心健康、学习兴趣、习惯养成。我们将学生在家学习的时间进行有效的管理，课程内容暂定 2 周为一期进行设置。不同年级根据本年级学生的年龄特点、学习基础、年级特色课程，设置各具特色的年级课表。设置一天的学习时段、学习内容、学习方式，让学生在课程超市中自主选择自己的学习课程。

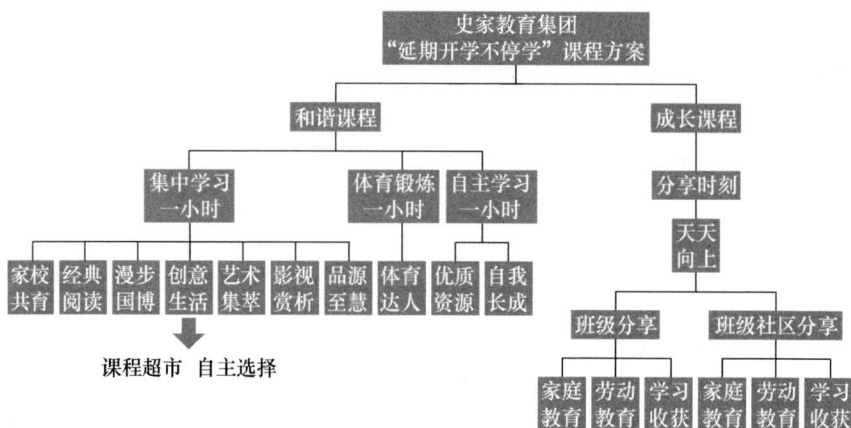

延期开学不停学"和谐课程"实施框架

"延期开学不停学"课程方案

课程属性	课程形式	课程名称	课程内容	时间分配
和谐课程 （必修课程）	集中学习一小时	家校共育	德育＋道法	5＋5 分钟
		经典阅读	语文＋英文	20 分钟
		漫步国博	国博	10 分钟
		创意生活	综实＋科学	10 分钟
		艺术集萃	音乐＋书法	10 分钟
		影视赏析	影视推介	10 分钟
		品源至慧	数学实践	20 分钟
	自主学习一小时	自选动作	优质资源 自我长成	60 分钟
	体育锻炼一小时	体育达人	体育	60 分钟
成长课程 （个性课程）	分享时刻	天天向上	班级分享	30 分钟
			班级社区分享	30 分钟

　　每天的学习内容是"三个一"和一个分享。

　　集中学习一小时（8:30~9:30），即学校提供创生特色优质课程集中学习时间。"家校共育"和"经典阅读"是每天必学内容，其他课程自主选择，每天组合学习达到一小时。家校共育是我们给家长和学生量身定制的每天 3~5 分钟的"家庭教育和谐课堂"，课程内容分为"孩子学业、情绪管理、身心健康、亲子关系、人际交往、家校沟通、家长角色、家长自我成长、脑科学心理学最新科研成果"九大板块内容。2月1日开始我们已经向教师、学生和家长推送了课程内容。例如，面对重大疫情怎么应对孩子的恐慌；疫情时期在家学习干扰多，如何让孩子自主学习；如何让孩子改掉写作业拖拉的毛病。

体育锻炼一小时（上午、下午各30分钟），即学校为学生创编每日一小时的体育锻炼项目，通过视频、音频带领学生在家进行体育锻炼，增强学生体质。

自主学习一小时（14:00～15:00），即学校推荐给学生自选学习内容和学生自我特色课程学习的时间。教师遴选社会优质资源进行推介，学生自主选择；另一部分学习内容是学生自身的爱好、特长、学习技能的训练和提升。

每天的互动分享时刻（19:30开始）。在此时间段，学生之间可以交流在家中方方面面的成长经验：如何成为一名有责任、有担当的家庭小主人；怎样做才能成为和谐家庭的一分子；分享家务劳动中的小妙招；推荐在家学习的好方法和小技巧。让学生们在分享交流中成长，达到天天向上的积极状态。

每天的互动分享时刻主要在两个平台进行。一个是班级平台，由班主任组织班级学生进行一天学习的经验交流，收获分享，同时教师答疑，并了解学生在家的学习状况。

史家小学"延期开学不停学"班级社区一览

	行政领导	一年级班主任	二年级班主任	三年级班主任	四年级班主任	五年级班主任	六年级班主任
一班社区	王 欢	杨 奕	石 蒙	张鑫然	贾维琳	白 雪	刘力平
二班社区	洪 伟	王连茜	姜 桐	潘 锶	赵 苹	张 颖	温 程
三班社区	南春仙	霍维东	化子怡	王 滨	刑 超	高江丽	许爱华
四班社区	范汝梅	赵婧杉	滕学蕾	徐 卓	刘晓珊	李 婕	乔 浙
五班社区	李 娟	陈 璐	史宇佩	隗功超	范 鹏	王 瑾	刘 迎
六班社区	陈 燕	周 舟	张斌轩	付燕琛	王 华	王香春	王 静
七班社区	韩巧玲	满文利	张 彬	吴金彦	张 伟	迟 佳	郑忠伟

	行政领导	一年级班主任	二年级班主任	三年级班主任	四年级班主任	五年级班主任	六年级班主任
八班社区	乔　红	汪　卉	潘　璇	张　弘	李芸芸	葛　攀	祖学军
九班社区	宋　菁	张牧梓	翟玉红	鲍　红	安　然	刘　岩	刘玲玲
十班社区	杨　利	王　宁	杜建萍	李梦群	王　滢	黎　童	张书娟
十一班社区	张秀娟	朱芮仪	刘　珊	车　雨	孔继英	王秀军	孔宪梅
十二班社区	李大明	罗　曦	李红卫	王　珈	陈玉梅	陶淑磊	蔡　琳
十三班社区	郭志滨	刘　丹	马　岩	王靓楠	化国辉	王建云	马克珊
十四班社区	陈　纲	张　滢	孙慧瑶	郭　红	王竹新	沙焱琦	魏晓梅
十五班社区	谷　莉	徐丹丹	王　雯	李岩辉	海　洋	彭　霏	范晓丽
十六班社区	吕闽松	刘　佳	杜　楠	孙　莹	金　晶	秦　月	王　映
十七班社区	张　恰	徐　虹	韩晓梅	李　享	杨　倩	宋宁宁	
十八班社区	冯思瑜	才燕雯	李焕玲	闫春芳	马佳宁	李　静	

　　另一个平台是年级社区，一至六年级每个年级相同班号的班级形成一个班级社区群。在这个群中，各个年级的学生都有，由于年龄不同、学习基础不同、兴趣爱好不同等，在交流分享的过程中，信息量更大，可借鉴的素材更丰富、更多元，还能够扩大学生的交友范围，给学生提供了一个更为广阔的交流空间，打破了年级边界，体现了史家的无边界理念。在这样的交流空间中，更多的是给学生以积极向上的引导，让学生学会积极面对突发事件，始终充满信心、积极成长。我们在每一个班级社区都安排了一位行政领导和五位党员老师，目的是更好地了解学生在此期间的家庭生活状态、学习状态、思想状态，把学生在班级社区中分享的点滴成长经验进行汇总，分类整理，做好记录，作为学生们在这一特殊时期的成长记录。将其与学生做的 24 点成长记录进行整合，为学生的成长生涯留下浓墨重彩的一笔，作为这段不同寻常经历的见证。

　　每个年级每周一张学习课表，2 周为一个周期，准备出 2 个周期的学习内容。这样的课程设置就像为学生提供了一个课程超市，课程量充裕，学生自主选用。其目的是通过丰富的特色课程，培养学生的国家认同、社会责任、人文情怀、珍爱生命、健全人格、劳动意识、审美情趣、自我管理、乐学善学、学会学习等核心素养和价值观，让学生"有能力去做有意义的事"，让学生通过学习每天都能够成长，让延续的假期过得更有意义、有组织、有关怀，不让疫情阻断家校之间的联系，不让疫情阻断教师对学生的关爱。

我们的家长、老师和孩子们已经在行动！让我们并肩作战、共克时艰！

第一节

和谐课程 1.0

——超量供给　自主选择

"家校共育（一）"课程实施方案

■ 李　娟　郭志滨

一、设计背景

2020 年己亥庚子之交，在中华大地上打起了一场"抗击新冠肺炎"的战争。这是一个非比寻常的春节，对于全国中小学师生而言也是一个不寻常的特殊时期。这场疫情牵动着全国人民的心，教育部为降低疫情扩散可能，保证教师和学生的身心健康，通知全国大中小学春季学期延期开学。

为了更好地落实教育部关于"延期开学不停学"的精神，史家教育集团从学生、家长和老师们的实际情况出发，开展问卷调研，了解实际需求，制定了有针对性的线上课程方案。

以"家校共育"线上课程为例。1 月 29 日，学校面向集团 6000 多名师生及家长开展"延期开学不停学"的问卷调查，收集有效问卷 4031 份。在大力支持延期开学政策的同时，老师、学生和家长们也如实写下了自己的困惑。集团德育部将征集上来的问题进行梳理后，率先推出线上"家校共育"课程。该课程包括家长课程和学生课程两部分内容，以切实有效地做好家长和学生的教育指导工作。

二、指导思想

史家小学家校共育课程，以教育部发布的疫情期间的工作要求为指导思想，进行课程的整体建构。

2020 年 2 月 11 日，教育部就中小学延期开学不停学有关问题召开了新闻发布会，明确提出："'停课不停学'不是指单纯意义上的网上上课，也不只是学校课程的学习，而是一种广义的学习，只要有助于学生成长进步的内容和方式都是可以的。要坚持国家课程学习与疫情防控知识学习相结合，特别注重疫情防护知识普及，加强生命教育、公共安全教育和心理健康教育；认真学习防疫阻击战中涌现的先进事迹，弘扬社会美德，增强学生爱党爱国爱人民爱社会主义的思想情感，也可以多读一些经典名著名篇。"基于教育部的工作指导意见，史家教育集团德育部门从学生实际情况入手，从家长与学生两个层面设计，开设了"家校共育"课程。

特殊时期的学生成长，家长更加不能缺位。疫情让家长与学生相处的时间变长了，如何在这种特殊的时间节点上让家长和学生共同成长？怎样紧紧抓住这一特殊的教育契机，引导家长重新审视教育的真正价值？教育部的工作指导意见指出了明确的方向，学校更应该以此为指导思想审时度势，积极应对，静心设计，开发有意义、有价值的课程。于是我们将疫情期间的教育定位在家校共育层面，将课程内容设定为具有广义的学习内涵层面。从身边发生的真实事件入手，将其开发研磨成有教育价值的教学内容，通过该课程的实施与推进让家长与学生共成长。在感悟社会与生活磨砺的过程中，促使学生和家长共同树立社会主义核心价值观，不断增强道路自信、制度自信的理想信念，从而积极应对疫情，一起渡过难关，让成长不停步。

三、实施内容

在全面考量教育部的工作指导意见、史家教育集团的育人理念，以及学生和家长的真实需求后，我们进行了课程整体规划。史家教育集团一直秉承着"具有家国情怀的和谐发展的人"的育人目标，"家校共育"课程设置是在学校整体育人理念下的具体课程实施。

（一）家长课程音频同听，解决家庭教育的实际困扰

《教育部关于加强家庭教育工作的指导意见》中指出：要强化学校家庭教育工作指导，丰富指导服务内容，充分发挥学校在家庭教育中的重要作用。史家长期以来努力践行这一精神。疫情期间，史家教育集团联手知行华夏家庭教育专业机构打造"和谐课堂—家校共育"线上指导课，并面向全体师生和家长以"音频＋文字"形式每日推送，兼顾不同家长、老师的喜好和需求。课程内容涉及孩子学业、情绪管理、身心健康、亲子关系、人际交往、家校沟通、家长角色、家长自我成长8个方面，共365个教育小主题。

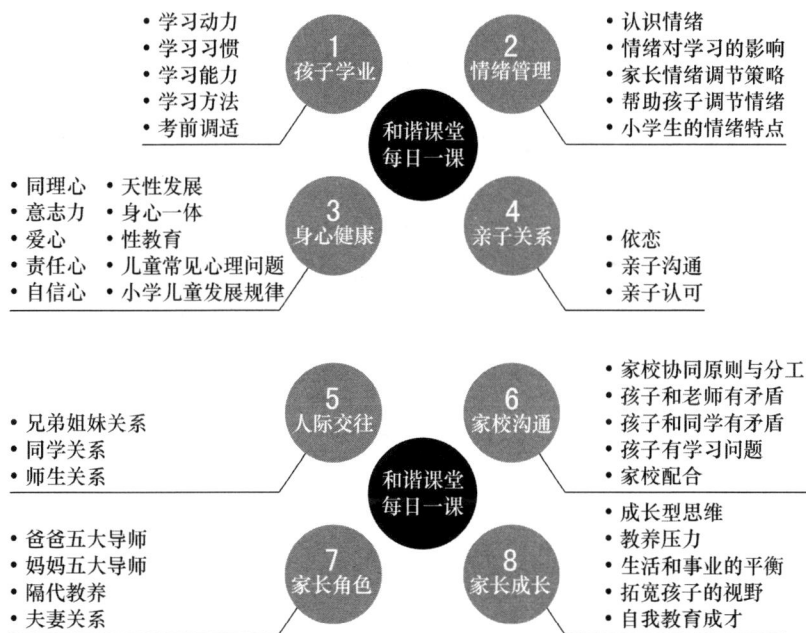

- 学习动力
- 学习习惯
- 学习能力
- 学习方法
- 考前调适

1 孩子学业

2 情绪管理
- 认识情绪
- 情绪对学习的影响
- 家长情绪调节策略
- 帮助孩子调节情绪
- 小学生的情绪特点

和谐课堂每日一课

- 同理心　天性发展
- 意志力　身心一体
- 爱心　　性教育
- 责任心　儿童常见心理问题
- 自信心　小学儿童发展规律

3 身心健康

4 亲子关系
- 依恋
- 亲子沟通
- 亲子认可

- 兄弟姐妹关系
- 同学关系
- 师生关系

5 人际交往

6 家校沟通
- 家校协同原则与分工
- 孩子和老师有矛盾
- 孩子和同学有矛盾
- 孩子有学习问题
- 家校配合

和谐课堂每日一课

- 爸爸五大导师
- 妈妈五大导师
- 隔代教养
- 夫妻关系

7 家长角色

8 家长成长
- 成长型思维
- 教养压力
- 生活和事业的平衡
- 拓宽孩子的视野
- 自我教育成才

史家线上指导课

根据疫情期间家长反馈上来的问题，我们又设立了"疫情专题"。从疫情防护、自主学习、情绪管理、品格育成、家长陪护5方面入手，给出了"如何用游戏的方式让孩子了解与预防病毒""3个办法帮你提高孩子在家学习的自觉性""这个假期用游戏陪孩子战胜无聊和恐慌"

"危机也是契机，如何借机培养孩子善良的品质""家长上班，孩子在家无人看管怎么办"等 25 个教育实招，每一个主题 2～5 分钟，给出 2～3 条实施建议。

课程目录

情绪管理
- 面对重大疫情，怎么应对孩子的恐慌？
- 长期隔离在家，为什么焦躁？
- 面对疫情，如何帮助家里的老人保持良好的情绪状态？
- 这个假期用游戏陪孩子战胜无聊和恐慌

自主学习
- 怎么让孩子按时完成作业？
- 家里干扰多，没有集体学习氛围，怎么让孩子自主学习？
- 在家学习期间，担心孩子生活学习规律被打乱怎么办？
- 孩子马上小升初，如何做好在家学习的规划？
- 3 个办法帮你提高孩子在家学习的自觉性
- 如何保障孩子网络学习的效率？
- 整天待在家里，孩子总想玩手机怎么办？

疫情防护
- 如何用游戏的方式让孩子了解与预防病毒？
- 怎么养成孩子良好的卫生习惯？
- 怎么吃能让孩子提升免疫力？
- 担心孩子在家没法进行体育锻炼怎么办？

品格育成
- 危机也是契机，如何借机培养孩子善良的品质？
- 如何给孩子讲人类与野生动物的关系？
- 疫情当前，如何引导孩子认识生命？
- 宅家期间，如何帮助孩子保持适度的社交？
- 如何借机引导孩子立志，疫情给了我们答案

家长陪护
- 担心网课伤眼睛，造成孩子视力下降怎么办？
- 老人看管孩子，孩子网络学习的效率难以保障怎么办？
- 家长上班，孩子在家无人看管怎么办？
- 父母在家，能和孩子玩哪些游戏？

"和谐课堂"着重于家长的角色、家长的自我成长，帮助家长自我提升、自我完善，更好地担当起孩子第一监护人和第一任老师的责任。紧扣当下的疫情专题，有助于家长和孩子正确对待疫情，科学防疫，纾解紧张情绪，确保身心健康。

（二）学生课程视频同看，注入社会主义核心价值观

疫情突袭，"生命""健康""爱国"等再次成为教育的热点话题。史家一直以尊重学生的成长规律为前提，强调人与人、人与知识、人与自然、人与社会、人与自身五大和谐关系，为孩子生命成长助力。在家校共育课程中，学校强调课程内容以当前生活为学习点，通过自主探究、价值辨析、问题解决等方式培养学生五大基础意识和五大基本能力的形成，让每一个孩子学会在逆境中成长的同时，提升生命的质量。

课程以史家小学多年来和谐教育中五大和谐支柱为导向进行内容的

分类。以模块化的形式予以架构，搭建了完整的家校共育学生课程体系。

和谐育人理念	人与自身			人与知识			人与社会				人与自然			人与人		
	模块一	模块二	模块三	模块一	模块二	模块三	模块一	模块二	模块三	模块四	模块一	模块二	模块三	模块一	模块二	模块三
模块课程实施	居家生活	身心健康	疾病防护	时间管理	网络学习	信息筛选	理性购物	逆行守护	国际关注	服务学习	生态平衡	垃圾分类	微观生命	学会交流	社区活动	公共生活
五大基础能力	自主			表达			自律				实践			交往		
五大基础意识	生命			创造			规则				尊重			责任		
育人目标达成	珍爱生命			文明诚信			爱国敬业				和谐生态			法治友善		

史家教育集团家校共育学生课程框架

著名的教育家杜威说"教育即生活"，特殊时期的社会生活变化就是最好的教育契机。史家德育部的老师们率先开始了以"生活世界"为视角的课程框架搭建。课程紧抓疫情期间的真实生活事件进行设计，用事实阐释社会主义核心价值观的内涵。课程以学生可能经历的现实生活作为学习的切入点，引领孩子将学习场域转向生活本身。课程内容源自生活但又高于生活，以指导学生从真实的社会事件中认识社会规则、法律规范、民族大义、国家精神，使其形成爱国、诚信、友善、法治、和谐、文明的价值观念和拥有一份坚定的家国情怀。课程以自主探究、价值辨析、问题解决等方式培养学生的综合能力、思辨能力、问题解决能力等，让每一个孩子在逆境中成长，将多难兴邦的民族精神深深刻画在他们的心中，做顶天立地的中国人。

以"生活世界"为视角的课程框架

课题	授课教师	备课成员	负责人	主要内容
1. 假期时间巧安排	李乐	冯思瑜 李璐	李乐	面对疫情，减少不必要的外出是自我保护的最好方式。如何在合理安排好居家生活、充实假期、保护自我的同时，提升假期质量，度过一个不平凡又充实的假期。带着学生制定一个合理的在家学习、生活的计划

课题	授课教师	备课成员	负责人	主要内容
2. 网络学习有方法	李璐	李丽霞 李雪	李乐	关注网络生活中信息的运用与选择问题。在这个特殊的时期利用网络在线教学，延学不停学。从网络学习的方法上、自我约束方面，筛选有效学习网站等进行教学。也就是指导学生如何利用网络学习，学会利用网络资源不断丰富自我、提升自我
3. 春天防护有方法	张鹏静	崔玉文 佟磊	崔玉文	春天万物复苏，是传染病的多发季节，如何做好个人卫生，保护好自己，健康生活
4. 关注心态会调节	吴丽梅	乔龙佳 梁晨	王丹	在疫情期间调整好自己的心态，正确面对，积极应对，不过度恐慌，用健康积极的心态应对疫情
5. 理性消费好购物	李雪	李乐 龚丽	李乐	从合理消费的角度切入，特别是如何正确看待囤口罩、消毒水、粮食等各种物资的现象。特殊时期出现的哄抬物价的行为可能会触及哪些法律，国家将给予怎样的惩罚
6. 关注信息守法律	王丹	吴丽梅 杜欣月	王丹	管理好自媒体，不传谣、不信谣，了解相关的网络法规，以案例分析为切入点，引发思考，渗透网络法治意识
7. 生态文明促和谐	杜欣月	王丹 乔龙佳	王丹	关注野生动物，思考如何使人与野生动物友好相处。从多个角度分析了解野生动物与人类的关系、与环境的关系，从而落实生态文明这一当前共同关注的问题，渗透相关的法律规定
8. 万众一心齐抗疫	王艳冰	崔玉文 佟磊	崔玉文	当疫情来临时，普通群众响应国家的号召在家自我隔离，但还有许多人坚守在自己的岗位上为社会服务。分不同的角度说，捐物资只是一方面，除医护人员外，还有国家领导人亲临一线，全国人民不论男女老少万众一心共同对抗……我们应该怎样参与这个行动

课题	授课教师	备课成员	负责人	主要内容
9. 公共生活我有责	刘静	吴丽梅 梁晨	王丹	从个人防护到社会责任，知道每一个人做好个人防护与管理就是一种对自己、对他人、对社会负责任的行为。同时讲述故意传播病毒、故意抬高物价等行为可能会涉及的法律问题
10. 最美守护"逆行"者	龚丽	刘静 郭文雅	王丹	突出"逆行"这个特殊群体，要讲出为什么最美？最美在哪里？最美是主线，"逆行"主体——来自各行各业的人们在特殊时期与时间赛跑，与疫情赛跑，坚守在自己的岗位上，众志成城，齐心协力守护着人民，守护着我们的国家，感悟国家力量，激发社会责任感和家国情怀
11. 我的社区在行动	金少良	刘静 郭文雅	王丹	从自己所在的社区入手，关注社区中的防护举措，作为社区的一员，自己应该如何做，才能配合社区的防护工作
12. 国际关注伸援手	乔龙佳	杜欣月 金少良	王丹	从世界各国对中国的关注与支持、捐助等方面介绍，引出国际卫生组织。从全球的角度看防疫的重要性，正确面对人类共同的问题
13. 家人为伴好交流	崔玉文	吴丽梅	王丹	孩子与家长长时间在家相处，难免有矛盾，特别是很多家长也是在家中办公。如何在这样一个特殊的时期，让孩子和家长之间有个比较好的沟通方式，避免矛盾的发生
14. 古人战"疫"有方法	佟磊	金少良 张鹏静	王丹	从历史的角度介绍中国历史上发生的各种瘟疫事件，从中分析出中国人在传统医学方面的成就。同时通过学习了解历史上抗击瘟疫的真实事件和数据，结合今天的战"疫"，相信一定会迎来胜利，增强学生们的民族自信

课题	授课教师	备课成员	负责人	主要内容
15～17.心语心说	吴丽梅	王元臻	李娟	结合学校出版的《心语心说》书中的内容，面向学生进行情绪管理、自我认识、学习适应三个主题内容的心理健康教育，鼓励学生用积极良好的心态面对生活与学习
18～20.牙芽得益	刘丹	刘荣	李娟	结合学校出版的《牙芽得益》健康小人书，给学生讲解"口腔的基础知识""口腔的自我保健""口腔疾病预防——龋齿"，让学生了解牙齿的结构以及重要性，懂得爱护牙齿的方法，从小树立爱牙护牙的意识，养成良好的口腔卫生习惯，为健康保驾护航
	化子怡	李昂	李娟	
	隗功超	鲍虹　孙爱华	李娟	
21～23.晶睛视界	马佳宁	陈玉梅　张伟　刘荣	李娟	结合学校出版的《晶睛视界》健康小人书，给学生讲解"人类眼睛的结构""影响视力的因素""爱护眼睛的方法"，让学生了解自己的眼睛，懂得爱护眼睛的科学方法，树立爱眼的健康意识，养成保护眼睛的好习惯，为健康保驾护航
	李婕	朱珍	李娟	
	王映	刘懿叶	李娟	
24～26.魔法厨房	图文呈现		陈纲	结合学校出版的《魔法厨房》一书，每周五给学生推荐两道菜谱，鼓励学生在家积极参与家务劳动，和家人一起做做饭，促进亲子关系的同时，让学生从小养成劳动习惯，树立家庭责任感，也让每一个家庭充满温馨的生活情趣

四、课程亮点

（一）增设家长课程，促使家庭教育走向专业化

疫情期间，人人都被焦虑、茫然、紧张、担忧等各种负面情绪所笼罩。作为学生家长，如果没有一个良好的心态、得当的方法，将会把坏

情绪带入家庭、影响学生。好的家庭教育是家长能够与学校配合，掌握一定的心理疏导方法与专业知识，既能够让自己焦虑的心情平复下来，也能带动和影响学生在特殊时期保持健康的心态。史家教育集团的家校共育课程凸显家校共育这一核心理念，将疫情背景下的相关心理问题、习惯问题、身心健康问题、亲子关系问题等逐一梳理，形成家长课程，为家长提供专业的解决方案与小妙招，让家长与学生共成长。让家长在专业知识、专业方法的指导下，自信满满地面对与孩子之间的相处，通过相互交流、亲子游戏、故事倾听、绘画表达等多种形式主动参与到孩子学习与成长的过程中。家长课程让家长逐步走向家庭教育专业化之路。

（二）打通家校壁垒，创建家校共育管理模式

家校共育课程，以协同为核心，以共育为目标，以课程平台为载体，打通了学校与家庭、教师与家长之间的壁垒，促使双方从"面对面"转为"肩并肩"的教育协作共同体，从而创建了家校共育的管理模式。我们以课程"叩开"家门，再以课程"打开"校门。通过课程学习与课后交流，让家长了解教师的教育理念与育人目标，同时也让教师知晓家长的困惑与问题，双方合力，达成共识，厘清家长与教师各自的职责。双方从不同的维度、以不同的方式走向相同的育人目标，实现真正的"同频共振"。

（三）增加亲子话题，形成家庭式学习合作伙伴

家校共育课程内容让生命教育、道德教育、规则教育、健康教育、家庭教育等主题教育成为课程的主旋律。特别是在学生课程中，无论是哪个主题的学习内容，教师都会留下亲子话题，鼓励学生主动与家长交流，很多课上讨论、课下活动都需要学生和家长一起完成。这样的课程转变了学生的学习方式，让学生从原有的学习个体转身成为家庭式的学习合作伙伴。学习方式的变革，让学生在学习中可以与家长一同思考探究，一同参与体验，家庭学习伙伴的组成替代了学校里的学习小组，这

不仅增进了亲子关系，更是让学生在家长的参与帮助下进一步提升了自主探究、独立思考、实践应用等学习能力。

（四）开放班级社区，创设跨年段的评价平台

课程以学校班级社区交流群作为评价手段，通过不同年级学生的学习感悟分享交流，互相影响、互相促进。班主任老师和授课教师在群里可以有效掌握不同年段学生的学习水平，这也是继班级授课制之后的又一种突破年段的学习尝试。跨年段的学习评价平台的创设，不仅让教师了解了不同层次学生的真实水平，更让家长重新界定心目中孩子的学业标准，有效地避免了家庭教育中常见的"抢跑"与"怕输在起跑线上"的实际问题。通过跨年段的班级社区群，每个不同年段的家长都能够清晰地知道，每个年段孩子到底应该达到什么水平，也能更加清晰地认识到差距，为今后的家校共育树立更加明确的目标。此外，在这个跨年段的评价平台上，评价者不再只是教师，所有的学生都可以互相评价，高年级的同学帮助低年级的同学，低年级的同学可以向高年级的同学学习……形成生生间互评、互助、互学、互为"领袖"的良好学习氛围。

（五）开启共育新模式，敦促教师勇创新

疫情让我们"稳、准、狠"地抓住了家校共育中必须面对的真实问题，促使我们必须转变原有的共育模式，家长和学校教师必须主动出击寻求更有针对性、更有时效性的家校共育新模式。家长课程与学生课程，成为特殊时期的全新家校育人模式，这也让老师们面临巨大的挑战。

例如，每一节课的设计，每一个亲子话题的研磨，每一个问题的解决方案，都是基于大数据的采集，都是直接面对家长与学生的真实问题。面对一个个棘手的问题，史家教育集团率先引进专家，成立课程研发小组，率先设立录制音频与视频的家校课程……所有的尝试都是挑战，都是创新。每一位参与其中的教师都经历了课程研发的全过程，养

成了一种大教育观，能够以敏锐的视角挖掘身边的教育素材。疫情下的这次"应考"，老师和家长们一起交上了满意的答卷。家校课程的建设与实施，是对教师新课程理念的一种引领。教师在此过程中更加关注学生身心健康、核心素养的培养、人生观价值观的养成，关注的是学生的终身发展。

"经典阅读（语文）"课程实施方案

▌陈　燕　高李英

一、指导思想

我们给孩子留下什么样的世界，取决于我们给世界留下什么样的孩子。在这场疫情"大考"中，教育要更为强调生命价值，更加重视孩子内驱力、生长力、学习力的步步形成，更加凸显教师在指导学生过程中自身职业、志业、德业的层层提升。我们相信，教育是"一朵云推动另一朵云"，是在有限中创生无限，是给予学生"志在家国、学无边界"的高品质生命成长。

二、实施理念

一个人的精神发育史就是他的阅读史。一个民族的精神境界取决于这个民族的阅读水平。书能改变人的一生，性格、爱好、禀赋、气质、思想和观念，以及对生活的理解。改变，从阅读开始。

对于小学生来说，可以阅读哪些经典作品？如何阅读这些经典作品呢？史家小学的"经典阅读"课程，根据不同年段的学生认知水平和心理特点，为不同年级的学生甄选了不同的名著，学生可以在"停课不停学"期间多读书、读好书、会读书。老师带领学生一起阅读，激发学生的阅读兴趣，帮助学生选择、运用恰当的阅读策略，引导学生深入阅读文本，提出自己的问题，发现容易忽略的重要内容，形成自己的思考和认识。感悟经典作品的艺术魅力，在阅读经典中涵养生命，成长为具有家国情怀的社会主义建设者和接班人。

三、课程内容

每个年级从下册"读书社"课程中选择一个教学内容，根据实际情况调整教学设计内容。

一年级：《中国传统节日故事》。

二年级：《中国寓言故事精选》。

三年级：《中国民间故事》。

四年级：《宝葫芦的秘密》。

五年级：《西游记》。

六年级：《世说新语》。

四、课程亮点

1. 迁移阅读方法，把握文本内容，激发阅读兴趣。

2. 聚焦典型片段，学会运用提问、联系、想象、预设等阅读策略，不断进行深度思考。

3. 初步感受不同作品及不同文体的表达特点，提升阅读素养。

4. 链接历史和当代生活，增长智慧，涵养道德情操，传承中华优秀传统文化。

五、课程目录

一年级

1. 一年级《腊八节的故事》——如何读绘本？腊八粥里藏着怎样的故事？

2. 《春节的故事》——古诗《元日》中介绍了哪些有关春节的习俗？

3. 《元宵节的故事》——你知道元宵节要做哪几件事情呢？

4. 《端午节的故事》——端午节人们为什么要吃粽子、划龙舟呢？

5. 《七夕的故事》——七夕节为什么又叫乞巧节、女儿节？

6. 《中秋节的故事》——中秋节带给你哪些想象与感受呢？

二年级

1. 初识寓言——读好寓言故事的三大法宝是什么？

2. 寓言故事的特点——寓言故事与我们平时的故事有什么不一样呢？

3. 《古代寓言》（一）——怎样结合人物的表现去了解寓意？

4. 《古代寓言》（二）——怎样在情景对话中体会寓意？

5. 《现代寓言故事》（一）——我们自己能写一个寓言故事吗？

6. 《现代寓言故事》（二）——低年级同学怎样阅读篇幅较长的寓言故事？

三年级

1. 《中国民间故事》整本书概况——什么是民间故事？你了解哪些民间故事？

2. 故事《牛郎织女》，感受人性光辉——如何展开想象，结合插图讲民间故事？

3. 故事《莫拉》，感受英雄形象——如何运用思维导图复述故事？

4. 故事《马头琴》，感受民族文化——运用我们学过的方法，提升自己的概述能力。

5. 总结整本书阅读方法——试着总结一下整本书阅读都有哪些方法呢？

6. 角色日志的制作与总结——怎样写出自己满意的角色日志呢？

四年级

1. 故事概览，揭开宝葫芦的秘密——怎样阅读一本童话故事？

2. 梳理主要人物和故事情节——如何用思维导图梳理故事人物和主要情节呢？

3. 感受宝葫芦带给王葆的快乐——怎样抓住关键语句体会宝葫芦带给王葆的快乐？

4. 感受宝葫芦的神奇——怎样用批注记录自己的阅读感受？

5. 感受宝葫芦带给王葆的烦恼——怎样透过细节描写体会宝葫芦带给王葆的烦恼？

6. 感受人物形象，领悟故事道理——宝葫芦和王葆给你留下了什么样的印象？

五年级

1. 印象西游，整体感知——要想读好一百多回的小说，可以怎样开始？

2. 感受孙悟空的英雄豪气——精读重点章节，了解孙悟空的英雄豪气是如何塑造的？

3. 体会唐僧人物形象——小说中的唐僧与历史上的玄奘性格一样吗？

4. 体会猪八戒的丰富和有趣——你是喜欢猪八戒还是讨厌猪八戒？

5. 旗鼓相当的对手：二郎神和牛魔王——和大圣同一级别的两个高手有何异同？

6. 充满神奇的《西游记》——小说中还有哪些奇闻险事？

六年级

1. 概览——如何走进一部文言文作品？

2. 《言语》（上）——何谓言语巧妙呢？

3. 《言语》（下）——言语巧妙是如何修炼成的？

4. 《捷悟》——《捷悟》篇是否可以和《言语》篇合并？

5. 《巧艺》——精巧技艺也能用语言描绘出来吗？

6. 回顾与思考——怎样才能用精练的语言凸显人物特点呢？

六、管理分工

二次审核及录制课程负责人

年级	负责人	1	2	3	4	5	6
一年级	撰写脚本	满文莉	罗　曦	张　滢	徐丹丹	朱芮仪	赵婧杉
	一审　闫　欣						
	二审　高李英						
	录制课程　张牧梓						
二年级	撰写脚本	姜　桐	石　蒙	马　岩	孙慧瑶	张斌轩	陈　珊
	一审　闫　欣						
	二审　高李英						
	录制课程　翟玉红						
三年级	撰写脚本	潘　锶	车　雨	李梦裙	王　珈	徐　卓	张鑫然
	一审　闫　欣						
	二审　王秀鲜						
	录制课程　闫　欣						
四年级	撰写脚本	张　伟	王　华	李芸芸	刘晓珊	赵　苹	贾维琳
	一审　王　静						
	二审　王秀鲜						
	录制课程　王秀鲜						
五年级	撰写脚本	高江丽	张　颖	宋宁宁	彭　霏	王建云	刘　岩
	一审　王　静						
	二审　陈　燕						
	录制课程　高李英						
六年级	撰写脚本	王　静	蔡　琳	乔　淅	马克姗	孔宪梅	范晓丽
	一审　王　静						
	二审　陈　燕						
	录制课程　陈　燕						

备课小组教师安排（以六年级为例）

序号	日期	内容	录课教师	备课团队
1	第一周 周一 8:40～9:00	《世说新语》 ——《概览》	王 静	许爱华 刘力平
2	第二周 周一 8:40～9:00	《世说新语》 ——《言语》（上）	蔡 琳	张书娟 刘玲玲
3	第三周 周一 8:40～9:00	《世说新语》 ——《言语》（下）	乔 淅	魏晓梅 温 程
4	第四周 周一 8:40～9:00	《世说新语》 ——《捷悟》	马克姗	吕闽松 （王静）
5	第五周 周一 8:40～9:00	《世说新语》 ——《巧艺》	孔献梅	刘 迎 祖学军
6	第六周 周一 8:40～9:00	《世说新语》 ——回顾与思考	范晓丽	杨 丽 （王静）

"品源至慧" 课程实施方案

■ 韩巧玲

一、指导思想

疫情就是命令，防控就是责任。把师生生命安全和身体健康放在第一位，有效地组织好教师和学生在"延期开学不停学"期间的学习与生活，就是教师的使命和担当。在这场疫情"大考"中，疫情是出卷人，教师是答卷人，学生和家长就是阅卷人。致力于在加长版的寒假中让学生每一天的学习和生活更有意义、更充实，培养学生自律与自理、自主与自立的能力，为学生提供集综合性、实践性、探究性、开放性于一体的学习活动。

二、实施理念

该课程设置，是在学校无边界课程理念下的整体构建，目的是强化数学思维、数学文化，凸显对学生核心素养的培养，发挥数学在培养人的思维能力和创新技能方面所独有的、不可替代的作用。在课程实施的过程中，在品中华传统文化和数学之源的同时，培养学生的学习兴趣，让学生积极动手、勇于实践并进行创造性发挥，掌握现代社会所必备的数学基础与认知技能，培养学生的思维品格和人文涵养，夯实学生自小筑基的多学科通识能力。在学以致用的过程中，切实践行社会主义核心价值观并实现自我价值。

此课程的构建，是基于社会对未来人才的需求，基于学校对学生发展的课程顶层设计，基于数学学科的特色和育人价值，基于我们博大精深的中国传统文化。我们将数学综合实践活动课的内容设计定位于以数学学科特色为基础，打破学科壁垒、思维边界和时空边界，竭力挖掘中华传统文化中以数学元素为核心的知识域和兴趣点；在数学科学精神与人文思想交融的历史传承中，着力创建史家小学数学综合实验课程并研发相应的课程内容，创造人文情感与科学思维深层交织的、数学综合实践操作的立体成长空间，努力发展学生文理相通的综合素养。

三、工作流程

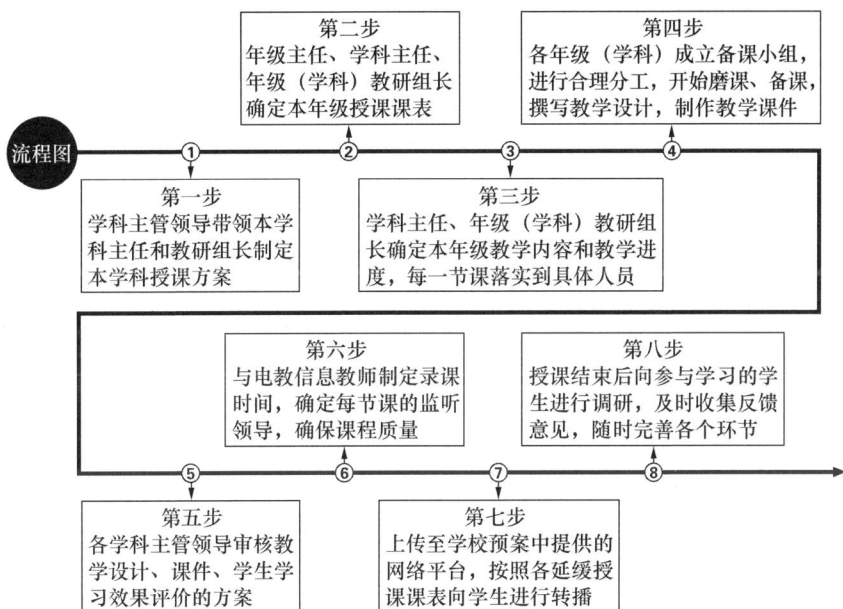

四、课程内容

在老师们的共同努力下，根据学生的年龄特点、认知基础和生活经验，每个年级开发了 5 个学习主题，6 个年级一共 30 个学习主题。

五、课程亮点

1. 注重了学生的实践操作，在活动中培养学生的动手能力、创新思维，发展学生的学科素养。

2. 转变了学生的学习方式，在学习中培养学生自主探究、独立思考、实践应用等学习能力。

3. 打破了学生的学习边界，基于中华优秀传统文化视域下的课程学习拓宽了学生的视野。

4. 改变了传统的教学模式，在选择课程内容、构建课程体系过程中提升了教师的专业素养。

这样的课程之于学生是能力的展现与快乐的体验，孩子们在体验中学习，在学习中实践，在实践中收获，在收获中绽放。

这样的课程之于教师是理念与行动的挑战，教师在课程的实施中更加关注学生核心素养的培养，关注学生终身发展。

六、课程目录

一年级数学授课列表

周次	授课节次	课程项目	具体课题	授课方式	负责人	小组负责人	备课小组	主讲人
第一周	第一节	品源至慧	曹操出关（上）	微视频	任江晶	杨玥	张文佳 洪珊	焦正洁
第一周	第二节	品源至慧	曹操出关（下）	微视频	任江晶	杨玥	焦正洁 洪珊	张文佳
第二周	第一节	品源至慧	运筹计数（上）	微视频	任江晶	李宏	徐虹 刘美琪	才燕雯
第二周	第二节	品源至慧	运筹计数（下）	微视频	任江晶	李宏	才燕雯 刘美琪	徐虹
第三周	第一节	品源至慧	古币乾坤（上）	微视频	任江晶	杨昕明	刘雪红 常媛媛	杨昕明

续表

周次	授课节次	课程项目	具体课题	授课方式	负责人	小组负责人	备课小组	主讲人
第三周	第二节	品源至慧	古币乾坤（下）	微视频	任江晶	杨昕明	李　宏 常媛媛	刘雪红
第四周	第一节	品源至慧	数独（上）	微视频	任江晶	纪晓凤	郭雪莹 马涵爽	罗一萍
第四周	第二节	品源至慧	数独（下）	微视频	任江晶	纪晓凤	郭雪莹 罗一萍	马涵爽

二年级数学授课列表

周次	授课节次	课程项目	具体课题	授课方式	负责人	小组负责人	备课小组	主讲人
第一周	第一节	益智游戏	折纸游戏（上）	微视频	周霞	乔艳	赵　民 沈珧琳	乔艳
第一周	第二节	益智游戏	折纸游戏（下）	微视频	周霞	乔艳	赵　民 沈珧琳	金海艳
第二周	第一节	品源至慧	剪纸视界（上）	微视频	周霞	杨静芝	魏颖琳 张　倩	周霞
第二周	第二节	品源至慧	剪纸视界（下）	微视频	周霞	杨静芝	魏颖琳 张　倩	化子怡
第三周	第一节	品源至慧	流水光年（上）	微视频	周霞	李焕玲	韩晓梅 杨扬	李焕玲
第三周	第二节	品源至慧	流水光年（下）	微视频	周霞	李焕玲	韩晓梅 杨扬	王雯
第四周	第一节	品源至慧	神奇幻方（上）	微视频	周霞	容戎	梁英 鲁静	王莹
第四周	第二节	品源至慧	神奇幻方（下）	微视频	周霞	容戎	梁英 鲁静	杜楠

三年级数学授课列表

周次	授课节次	课程项目	具体课题	授课方式	负责人	小组负责人	备课小组	主讲人
第一周	第一节	品源至慧	磁力南北（上）	微视频	高雪艳	高雪艳	李晓桐 张春艳	高雪艳
第一周	第二节	品源至慧	磁力南北（下）	微视频	高雪艳	高雪艳	李晓桐 张春艳	李晓桐
第二周	第一节	品源至慧	四时八节（上）	微视频	高雪艳	王园园	万银佳 马心玲	王园园

周次	授课节次	课程项目	具体课题	授课方式	负责人	小组负责人	备课小组	主讲人
第二周	第二节	品源至慧	四时八节（下）	微视频	高雪艳	王园园	万银佳 马心玲	万银佳
第三周	第一节	品源至慧	以一当五（上）	微视频	高雪艳	韩芳	刘东荣 祖楹	肖畅
第三周	第二节	品源至慧	以一当五（下）	微视频	高雪艳	韩芳	刘东荣 祖楹	刘伟男
第四周	第一节	品源至慧	剪拼游戏（上）	微视频	高雪艳	樊咏	闫翠兰 王颖	樊咏
第四周	第二节	品源至慧	剪拼游戏（下）	微视频	高雪艳	樊咏	闫翠兰 王颖	侯宇菲

四年级数学授课列表

周次	授课节次	课程项目	具体课题	授课方式	负责人	小组负责人	备课小组	主讲人
第一周	第一节	品源至慧	商码拾遗（上）	微视频	刘颖	王滢	周元萍 杨倩	邢超
第一周	第二节	品源至慧	商码拾遗（下）	微视频	刘颖	王滢	邢超 杨倩	周元萍
第二周	第一节	品源至慧	剪纸视界（二）（上）	微视频	刘颖	李文	卢超 范鹏	王竹新
第二周	第二节	品源至慧	剪纸视界（二）（下）	微视频	刘颖	李文	王竹新 范鹏	卢超
第三周	第一节	品源至慧	中轴对称（上）	微视频	刘颖	赵彦静	金晶 苗苗	张思雯
第三周	第二节	品源至慧	中轴对称（下）	微视频	刘颖	赵彦静	张思雯 苗苗	金晶
第四周	第一节	品源至慧	纸牌游戏（上）	微视频	刘颖	牟风敏	王丹 滕玉英	陈瑾
第四周	第二节	品源至慧	纸牌游戏（下）	微视频	刘颖	牟风敏	陈瑾 滕玉英	王丹

五年级数学授课列表

周次	授课节次	课程项目	具体课题	授课方式	负责人	小组负责人	备课小组	主讲人
第一周	第一节	品源至慧	玩转陀螺（上）	视频	景立新	曹芸	左明旭 景淑节	曹芸

续表

周次	授课节次	课程项目	具体课题	授课方式	负责人	小组负责人	备课小组	主讲人
第一周	第二节	品源至慧	玩转陀螺（下）	视频	景立新	曹芸	左明旭 景淑节	左明旭
第二周	第一节	品源至慧	方寸精印（上）	视频	景立新	黎妍	杨文佳 郭京丽	黎妍
第二周	第二节	品源至慧	方寸精印（下）	视频	景立新	黎妍	杨文佳 郭京丽	杨文佳
第三周	第一节	品源至慧	精打细算（上）	视频	景立新	朱文	刘斐琳 侯琳	朱文
第三周	第二节	品源至慧	精打细算（下）	视频	景立新	朱文	刘斐琳 侯琳	高明一
第四周	第一节	益智游戏	数墙（上）	视频	景立新	王大贵	刘爱军 王凯	王大贵
第四周	第二节	益智游戏	数墙（下）	视频	景立新	王大贵	刘爱军 王凯	刘欢

六年级数学授课列表

周次	授课节次	课程项目	具体课题	授课方式	负责人	小组负责人	备课小组	主讲人
第一周	第一节	品源至慧	数学与生活（上）	微视频	李冬梅	田晓洁	王熙荣 淮瑞英	田晓洁
第一周	第二节	品源至慧	数学与生活（下）	微视频	李冬梅	田晓洁	王熙荣	淮瑞英
第二周	第一节	品源至慧	勾股玄方（上）	微视频	李冬梅	李冉	李军红 罗红	李冉
第二周	第二节	品源至慧	勾股玄方（下）	微视频	李冬梅	李冉	罗红	李军红
第三周	第一节	品源至慧	巧算六角形（上）	微视频	李冬梅	王磊	林琳 李海龙	王磊
第三周	第二节	品源至慧	巧算六角形（下）	微视频	李冬梅	王磊	李海龙	林琳
第四周	第一节	品源至慧	邮票中的数学问题（上）	微视频	李冬梅	赵蕊	孙桂丽 王艳	赵蕊
第四周	第二节	品源至慧	邮票中的数学问题（下）	微视频	李冬梅	赵蕊	王艳	孙桂丽

"经典阅读（英语）"课程实施方案

▌崔 旸

根据北京市教委关于延期开学不停学工作的通知，结合史家教育集团延期开学不停学"和谐课程"的总体方案，集团英语部统筹安排，根据不同年级学生年龄特点，设计了形式多样的英语课程，确保在此期间英语教育教学工作有序推进。

一、教学组织架构

组织架构含领导小组和工作小组。工作小组以集团教研组为载体，各机构明确工作职责，协作完成1.0"经典阅读（英语）"线上教学工作。

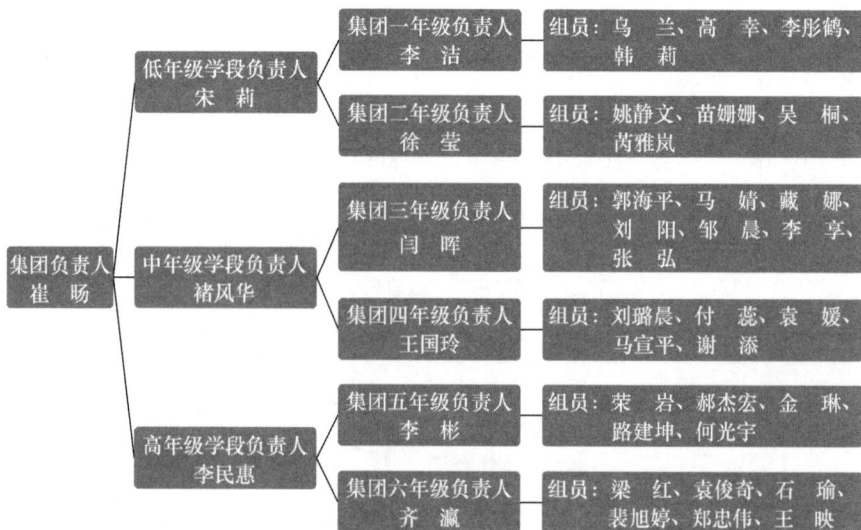

集团负责人 崔 旸			
	低年级学段负责人 宋 莉	集团一年级负责人 李 洁	组员：乌 兰、高 幸、李彤鹤、韩 莉
		集团二年级负责人 徐 莹	组员：姚静文、苗姗姗、吴 桐、芮雅岚
	中年级学段负责人 褚风华	集团三年级负责人 闫 晖	组员：郭海平、马 婧、藏 娜、刘 阳、邹 晨、李 享、张 弘
		集团四年级负责人 王国玲	组员：刘璐晨、付 蕊、袁 媛、马宣平、谢 添
	高年级学段负责人 李民惠	集团五年级负责人 李 彬	组员：荣 岩、郝杰宏、金 琳、路建坤、何光宇
		集团六年级负责人 齐 瀛	组员：梁 红、袁俊奇、石 瑜、裴旭婷、郑忠伟、王 映

二、教学实施平台

教研平台：钉钉各年级集团群

学习平台：和谐课堂、微信群

三、具体措施

1. 利用钉钉群，由集团年级组长负责，组织各位教师按照年级标准，选取绘本、撰写教学设计、制作教学课件。

2. 设计完成的课程，上传给对应的领导小组副组长，由副组长审核通过后，完成上线工作；若有问题及时调整，确保上线课程质量。

3. 领导小组组长每周定期组织组长会以及全体教师视频会议，及时调整方向、把控舆情，最终做到集团统一思想、全集团"一盘棋"。

4. 每位教师均被安排进入集团各个班级社区，每天负责组织、协调、记录班级社区学生学习反馈等情况。

四、具体要求

由于延期开学，在线课程以复习为主，不设计新授课内容，不布置作业，一切以培养学生能力为出发点，利用信息技术拓展学生学习途径，转变学习方式，培养学生自主学习的意识，确保上线课程取得实效。

1. 精心策划，多措并举。按照低、中、高三个学段，以绘本故事为主要载体，低年级侧重拼读法，了解必要的拼读规律、发音规律，利用这段居家学习的宝贵时间，夯实基础，掌握方法，建立学习英语的信心；中年级侧重对学生思维品质的培养，利用思维导图、阅读笔记等形式，让学生通过阅读，形成有逻辑的思维方式；高年级侧重表达，对文本故事进行创编、续写，真正地用英语做事情，用英语表达自己的感想。

2. 班级社区，过程监控。集团每位英语教师均进入一个班级社区，每天 19∶30 准时与不同年级的学生进行交流、互动，对学生的英语学科展示内容，及时收集、反馈，并将学生、家长的问题记录在案，为进一步优化课程设计做好准备。

3. 强化教研，群策群力。英语部一贯以集团教研组机制开展教研工作，以确保集团各校区学生享受公平、有质量的教育。此次线上课程，更加体现了这一机制的重要性。集团各年级教研组在组长的带领下，步调一致，依靠集团的力量，努力探寻改进措施，弥补学习和教学中的不足，总结成功经验，不断优化教学流程，提升学习效果。

"漫步国博" 课程实施方案

▌郭志滨

一、指导思想

"漫步国博"课程是史家教育集团的精品课程。该课程立足于历史，聚焦于文物，拓展于古今关联，让学生们在博物馆的历史文化学习中，能够以古鉴今，品悟历史经验对今天生活、社会发展的影响与帮助。在课程中，以历史文物为入口，以引发学生品悟、领悟、感悟、顿悟为学习方式，开启学生自主成长的学习过程。在这样的自主学习中，慢慢领略到文物背后的文化，并从中华优秀传统文化中获取养分，滋养成长，正确面对当前这一特殊的时期。

二、实施理念

该课程是以史家教育集团的"博·悟"课程为依托，从中精选出来的精品课程。该课程的整体设计是以当前的抗击疫情为主要核心，以博物馆课程为载体进行的。换言之，每一节博物馆课程及背后要点拨学生的是一种民族精神、民族信念、民族态度，以及今天我们如何将这种精神、信念、态度应用到抗击疫情的工作中。在穿越古今的历史线索中、时代典型事例中，我们能够看到中国优秀的民族精神的传承，从而为学生树立正确的人生观与核心价值观。

每一个课程的内容，都是以文物或历史故事为切入点，目的不仅是要讲历史，而且要讲其背后的精神与文化。因此，在课程实施中，我们注重当前的疫情发展，关注社会的普遍问题，发现学生可能存在的困惑，借助历史经验予以正确的评析。今天最美逆行者的行为，正是愚公移山精神的体现；不瞒报信息正是每一个社会成员的诚信标志……它们能引导学生正确看待国家和民族所经历的挫折，及其背后久久传承的中国精神。

三、工作流程

组建备课小组
依据目标选文物
教研组集体磨课

讨论教学目标
制定教学方案
录制审核发布

四、课程亮点

1. 课程凸显历史与文化的传承，是从历史看文化、从文化到价值观养成的一门课程。

2. 课程以全新的视角解读文物背后的文化内涵，从而转变了学生的学习方式，在学习中培养学生自主探究、独立思考、实践应用等学习能力。

3. 课程打破了年段的边界，以主题教学的形式予以呈现。道德教育、规则教育、家庭教育不分年龄，是全年段学生都会学习的内容。因此，课程在设计的时候以疫情期间发生的各种真实事件为主题线索进行教学，不同年龄段的学生可以有不同层次的认知与理解。

4. 课程以学校社区交流群作为评价手段，通过不同年级学生的学习感悟分享交流，互相影响、互相促进。教师可以有效掌握不同年段学生的学习水平，这也是除班级授课制以外的又一种突破年段的学习尝试。

总之，本课以文物和历史故事为线索，进行课程建设与实施，是对教师新课程理念的一种引领。教师在此过程中也会更加关注学生核心素养的培养，关注终身发展。

五、课程内容

序号	课题	授课教师	调整建议
1	矢志不渝	张鹏静	执着的精神，对今天抗击疫情这份坚守的精神的影响
2	无商不奸（尖）	吴丽梅	从个人诚信到疫情期间不隐瞒，如实上报信息就是一种诚信的表现
3	以符调兵	王　丹	从虎符的防伪、作用到国家安全，从做符合国家要求的公民开始
4	众志成城	梁　晨	从"非典"到新冠肺炎，不变的是什么
5	脊兽藏规	刘　静	从屋脊上的小神兽中寻找到规则，知道其中蕴含的规则要求，以及法律的相关观念
6	公平交易	乔龙佳	疫情期间的典型人物，如钟南山
7	小火苗大智慧	杜欣月	探索的精神，创新与创造改变生存方式，当前探索与创新保护生命，是否可以关联？
8	蒸馏酿造	崔玉文	从蒸馏技术到酒精提纯，从酒精的作用到如何防疫
9	火土之魂	李　璐	从一件瓷器开始一次学习，从瓷器的纹饰中寻找美好寓意，感受中国人祈福求祥的美好愿望，也预祝我们的抗疫成功

序号	课题	授课教师	调整建议
10	正襟危坐	李　乐	从一件小玉人讲起，从中发现坐姿的改变，从而引申到家具的变化。这些变化的过程中都蕴含着中国传统的礼仪文化
11	一模一样	金少良	以青铜铸造技术为主线进行课程的实施，从"一模一样"词语内涵的变化中感受中国技术的发展与进步，掌握词语词义发生改变的历史脉络
12	星火燎原	龚　丽	井冈山精神是中国革命传统精神的重要组成部分，吃苦耐劳、勇于创新是井冈山精神留给我们的宝贵财富。在今天抗击疫情的特殊时期，如何用精神引领灵魂，并将其传承与发扬是本节课的核心要义

"艺术集萃" 课程实施方案

■ 谷　莉

一、指导思想

在这场疫情"大考"中，疫情是出卷人，教师是答卷人，学生和家长就是阅卷人。在加长版的寒假中，我们鼓励学生以乐观向上的态度认真生活，以高度的责任感严格自律，用兴趣、爱好激发学生的创造力，让学生每天做有意义的事。

二、实施理念

该课程设置是在学校无边界理念下的整体构建，培养学生发现艺术之美的能力，发挥其在音乐、美术、书法、戏曲等艺术门类的创造力、审美力。课程将传统艺术与现代艺术进行有机融合，提升趣味性，鼓励学生实践，让艺术点亮生活，让艺术陶冶心灵，让艺术带来快乐。

三、工作流程

第1步：部门领导带领本部门学科组长研究制定各学科授课方案。

第2步：学科组长带领本组教师研究、制定各年级授课内容，成立备课小组，每节课落实到具体人员。

第3步：备课小组进行合理分工，再磨课、备课，撰写教学设计，制作教学课件。

第 4 步：部门领导及各学科负责人审核教学设计、课件等。

第 5 步：主讲人进行课程微视频的录制。

第 6 步：部门领导及各学科负责人审核，确定最终视频。

第 7 步：上传到学校指定网络平台。

第 8 步：收看课程转播，关注家长及学生留言。

第 9 步：每周授课结束后，部门领导与学科组长进行复盘，及时总结经验，对下一轮课程进行调整。

四、课程内容

年级	学科	具体课题	负责人	备课小组	主讲人
第一周					
一	美术	彩色装饰瓶	李　阳	张淑华	张景奇
二	美术	我们一起画手账	李　阳	黄　浩 刘　莘	刘玑含
三	美术	漫画抗疫英雄联盟	李　阳	陈　曲	刘　棣
四	美术	画画身边的植物	李宝莉	李宝莉	王　丹
五	美术	正月十五闹花灯	李　阳	苏浩男 任巨成	孔炳彰
六	美术	设计新型小口罩	李宝莉	王　丹	李宝莉
一	音乐	玩转五线谱	赵亚杰	杨　明	杨　明
二	音乐	快乐唱响"乃呦乃"	赵亚杰	张梦娴	张　冉
三	音乐	动听的卡林巴	赵亚杰	李　娜	闫瑶瑶
四	音乐	有趣的变奏曲	赵亚杰	赵亚杰	高　侠
五	京剧	京剧其实很好玩	赵亚杰	赵亚杰	丁芸芸
六	音乐	民族魂黄河颂	赵亚杰	徐　力	李　娜

年级	学科	具体课题	负责人	备课小组	主讲人
第二周					
一至三	黏土动画	我的画会动	王燕红	陈蒙蒙 韩春明 胡雅涵 张 萌 苑振兴	鲁志梅
四至六	黏土动画	"纸"爱春天	王燕红	徐雪颖 梁 琪	梁 萧
一	音乐	愿闻春晓	赵亚杰	张振华 李 颖	左升鹭
二	音乐	音乐童话之旅	赵亚杰	刘宁宁 宋 敏	孙彬彬
三	音乐	快乐的劳动歌	赵亚杰	李 琰	郑丽梅
四	音乐	经典的旋律	赵亚杰	郑丽梅	李 琰
五	音乐	清远瑶寨 民族神韵	赵亚杰	闫瑶瑶	温丽丽
六	音乐	浓浓乡情	赵亚杰	李 娜	徐 力
第三周					
一至二	音乐	我的小手会唱歌	赵亚杰	闫瑶瑶	幺蕴莹
三至四	音乐	经典传唱——保卫黄河	赵亚来	张振华 左升鹭	李 颖
五至六	音乐	走近西洋乐器——弦乐	赵亚杰	刘宁宁 孙彬彬	宋 敏
一至三	黏土动画	我的动画大不同	王燕红	陈蒙蒙 韩春明 胡雅涵 张 萌 苑振兴	鲁志梅
四至六	黏土动画	材"剧"志大返"本"	王燕红	徐雪颖 梁 琪	梁 萧
一	书法	解密汉字：趣味甲骨文（一）	李雪莹	陈庆红 孙 宁	李雪莹
二	书法	学写汉字：字与天象	李 靖	陈庆红	李 靖

年级	学科	具体课题	负责人	备课小组	主讲人
三	书法	与古为友：兰亭雅集	蔡文菲	陈庆红	蔡文菲
四	书法	书法圣地：西泠印社	高　莹	陈庆红	高　莹
五	书法	书法秘籍：软硬兼施（一）	王坤鹏	陈庆红	王坤鹏
六	书法	溯源练笔：众志成城	陈庆红	王旭红	陈庆红 王旭红
第四周					
一至二	舞蹈戏曲	舞蹈戏曲小口诀	赵亚杰	谷莉	丁芸芸
三至四	音乐	动感非洲鼓	赵亚杰	李　娜 李非凡 徐　力	张慧超
五至六	音乐	西南风情——北京喜讯到边寨	赵亚杰	张慧超 李　娜 徐　力	李非凡
一	书法	解密汉字：趣味甲骨文（二）	李雪莹	陈庆红 孙　宁	李雪莹
二	书法	学写汉字：字与地貌	李　靖	陈庆红	李　靖
三	书法	与古为友：盛唐法度	蔡文菲	陈庆红	蔡文菲
四	书法	书法圣地：西安碑林	高　莹	陈庆红	高　莹
五	书法	书法秘籍：软硬兼施（二）	王坤鹏	陈庆红	王坤鹏
六	书法	溯源练笔：共渡难关	陈庆红	王旭红	陈庆红 王旭红

"创意生活"课程实施方案

▋陈　纲

一、指导思想

　　疫情突如其来，人们的正常生活被按下了暂停键。面对学生无法返校、正常的教学生活无法开展这一困境，如何将困境变成机遇成为每一名教师的使命和担当。在这个超长假期里，要充分利用家庭环境，将学习与生活有机结合，指导学生开展日常生活劳动、生产劳动和综合实践活动，让学生在"延期开学不停学"期间的生活更加充实有意义，培养学生自主、自立、自强、自律的优秀品质。

二、实施理念

　　"创意生活"课程以生存、生活、生命的"三生"教育为根本，培养孩子们学会生存的能力、有创造生活情趣的能力、有感悟生命的能力。关注劳动能力，注重综合实施，引导学生从提高生活质量、美化生活环境、解决生活问题入手，开展主题研究，培养学生的劳动意识，感悟"美好的生活要靠劳动创造"的道理；提升学生们的劳动技能，指导学生正确使用劳动工具，掌握日常劳动技能；养成良好的劳动习惯，逐步建立坚持自我服务的习惯，作为家庭一员为他人服务的责任感；综合培养学生们价值体认、责任担当、问题解决、创意物化等方面的意识和能力。

　　根据学生学习场域的变化和现实情况，将课程内容分为：日常劳

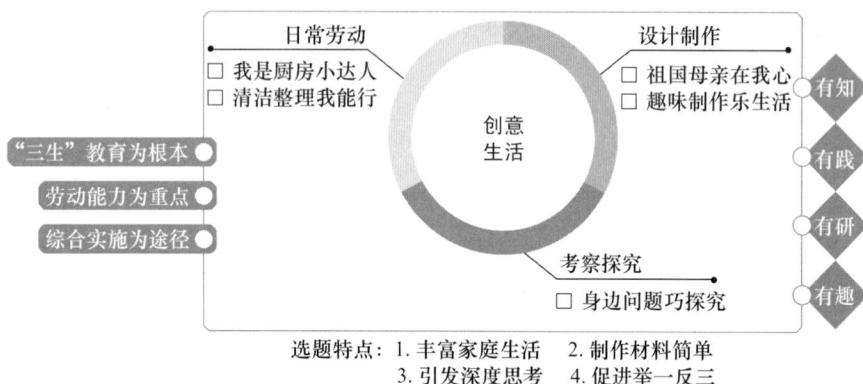

日常劳动
□ 我是厨房小达人
□ 清洁整理我能行

设计制作
□ 祖国母亲在我心
□ 趣味制作乐生活

创意生活

"三生"教育为根本
劳动能力为重点
综合实施为途径

考察探究
□ 身边问题巧探究

有知
有践
有研
有趣

选题特点：1. 丰富家庭生活　2. 制作材料简单
　　　　　3. 引发深度思考　4. 促进举一反三

动、设计制作、考察探究三大板块，选取能够丰富学生家庭生活、制作材料简单易得、引发学生深度思考、促进学生举一反三的主题进行设计备课。让孩子们在有知、有践、有研、有趣的课程中不断学习、收获、成长，在家中度过一段充实而有意义的时光。

三、工作流程

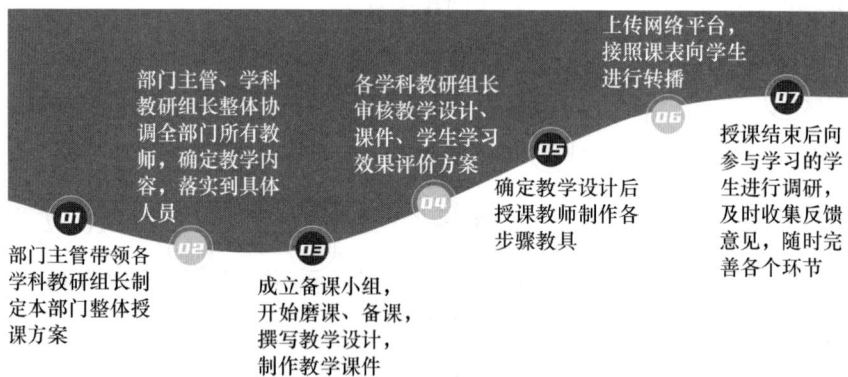

部门主管、学科教研组长整体协调全部门所有教师，确定教学内容，落实到具体人员

各学科教研组长审核教学设计、课件、学生学习效果评价方案

上传网络平台，接照课表向学生进行转播

01 部门主管带领各学科教研组长制定本部门整体授课方案

02

03 成立备课小组，开始磨课、备课，撰写教学设计，制作教学课件

04

05 确定教学设计后授课教师制作各步骤教具

06

07 授课结束后向参与学习的学生进行调研，及时收集反馈意见，随时完善各个环节

四、课程亮点

1. 课程注重将劳动的创新、创意与生活相联系，让劳动改变生活，最终的目的是培育一种现代新生活方式，让学生拥有幸福生活的能力。

2. 课程采取以实践为主导的学习方式，以学生亲历实践、亲手操作、手脑并用为基本特征。在融会贯通多学科知识和技能、"五育"融合的同时，体验工匠精神。

3. 构建关键要素，包括创意设计、选择活动材料或工具、动手制作和交流展示。学生将自己的创意方案付诸实施，在由创意到作品的物化过程中，学会运用工具、技术，提高动手能力、技术意识、工程思维等。

五、课程内容

节次	授课年级	具体课题	授课方式	负责人	主讲人
第一周					
第一节	一至三年级	立体创意感恩卡——致敬最美逆行者	微视频	陈纲	焦晨
	四至六年级	立体创意心意卡——抗击新冠小卫士			赵朋秋
第二节	一至三年级	绿豆芽长成记		鲍彬	李洋
	四至六年级	关于蒜的那些事			鲍彬
第二周					
第一节	一至三年级	自制不倒翁	微视频	赵晶	赵晶
	四至六年级	纸桥			张惊然
第二节	一至三年级	战"疫"游戏棋		付航	付航
	四至六年级	西芹百合			武炜
第三周					
第一节	一至三年级	自制叠衣板	微视频	赵晶	陈纲
	四至六年级	自制圆形盘编器——编制吉祥手链			张昕怡
第二节	一至三年级	小身材大味道		鲍彬	关斌
	四至六年级	一日计划巧修改			隗晶晶
第四周					
第一节	一至三年级	神奇的墨水	微视频	陈纲	王佳
	四至六年级	火山喷发			王佳
第二节	一至三年级	制作电子宣传画		付航	张欣欣
	四至六年级	微生物的奥秘			姚慧

"体育达人" 课程实施方案

▌张 凯

一、工作思路

为贯彻落实《北京市中小学 2020 年春季学期课程安排指导意见》《2020 年春季学期学科教学指导意见》，结合史家教育集团关于防控工作和"停课不停学"工作的相关部署及安排，坚决打赢疫情防控阻击战，体育与健康部梳理文件要求，依集团课程体系，整体统筹教育教学工作。

体育与健康部的工作分为三个阶段，分别为第一阶段（2 月 17 日到 3 月 13 日）的"和谐课堂"，第二阶段（3 月 16 日到 4 月 10 日）的"成长"课程，第三阶段（自 4 月 13 日起，市教委面向全市统一制定并开始实施）的线上课程。体育与健康部以"健康第一"为指导思想，以史家教育集团"健康工程"中明确提出的"三格"教育为教育目标，充分考虑疫情实际情况，结合体育学科特点，让学生们在家中也能得到最大化锻炼，同时有效地组织好教师和学生在"延期开学不停学"期间的学习、工作与生活。

体育与健康部本着让学生每一天的学习和生活更有意义、更充实，培养学生自律与自理、自主与自立的能力，充分调动现有教师资源、教学资源、网络信息资源等，提炼并开发出更多操作类、开放类、亲子类、竞赛类、知识类的学习资源，为学生们提供参考性强、锻炼效果好、自主练习约束少的一系列体育活动，实现"延期开学不停学"期间家中锻炼不掉队的课程意义。

二、统一认识

"体育达人"这门课程，不仅依托集团对于延期开学整体的设计理念，同时也是在学校无边界课程理念下的整体构建。其目的概括为兴趣养成、知识传授、技能掌握、强健体魄、完善人格，与学校体育相结合，在这样一个"非常规学习"模式下，最大限度地保证体育教育完整的功能链条。

该课程在整个实施过程中，从设计、制定到最后的实施，始终围绕着"兴趣"二字。课程整体构建以兴趣为原动力，带动学生主动参与体育活动，以点带面，通过各种形式的参与、互动，激发学生主动参与的热情，以期收到一定的"小群体"体育活动的积极效果。同时，在课程设计中充分考虑到学生的年龄、能力等差异，在内容的制定上充分体现以学生发展为中心，科学严谨地安排最适合该年段学生身心发展的活动项目。在科学锻炼的过程中，化被动无力为主动参与，化无从下手为有的放矢，更好地体现把学生主动发展放在主体地位。

课程实施非常重要的是全面。枯燥的练习项目和单一的练习形式无异于给促进健康放置了绊脚石，尤其是在家庭环境这样一个范围相对狭窄的活动场域下。在实施过程中，要体现出内容的丰富性、针对性和可操作性，从而更加有效地提高学生健康锻炼的能力。在此基础上开发更多元的练习形式和展示形式，激发学生锻炼的动力，更好地关注学生的个体差异与不同需求，确保每一个学生受益。通过长期的共同努力，让每个孩子初步形成终身体育学习的意识，服务于健康，服务于学习，服务于美丽人生。

整体课程的推进与集团课程推进同步，三大阶段节点明确，思路清晰，可以说实施意义和实施效果得到了很好地反馈。但是，这次疫情带给我们的是一次新的挑战，在具体的实施过程中，通过对学生、教师包括家长们的调研找出一些需要继续研磨和调整的环节。在此过程中，每一个中肯的建议，每一次实施过程中的顿挫，都是我们最大的收获和财富，所以我们一直在不断地进行改进和丰富，原则不变、方向不改，争取让行进中的链条变得更加润滑，让手中的石头变得更多，一起挽起手，摸着这些众人拾来的宝贵石头，到达彼岸。

三、具体实施

（一）工作流程

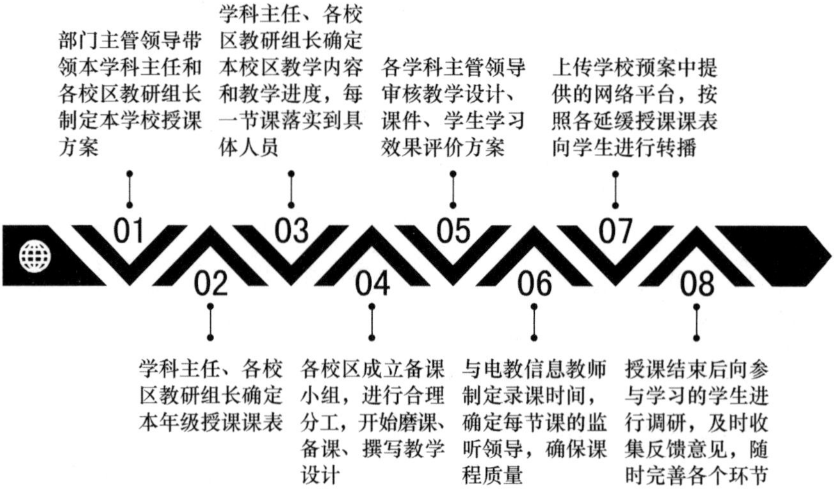
01
部门主管领导带领本学科主任和各校区教研组长制定本学校授课方案
02
学科主任、各校区教研组长确定本年级授课课表
03
学科主任、各校区教研组长确定本校区教学内容和教学进度，每一节课落实到具体人员
04
各校区成立备课小组，进行合理分工，开始磨课、备课、撰写教学设计
05
各学科主管领导审核教学设计、课件、学生学习效果评价方案
06
与电教信息教师制定录课时间，确定每节课的监听领导，确保课程质量
07
上传学校预案中提供的网络平台，按照各延缓授课课表向学生进行转播
08
授课结束后向参与学习的学生进行调研，及时收集反馈意见，随时完善各个环节

（二）课程亮点

1. 三阶段教育目标明确：兴趣带动、体格提升。本课程注重兴趣的培养，以兴趣为原动力，结合家庭学习的形式，培养学生自主学习、克服困难的综合能力。

2. 三阶段教学内容丰富：知识技能、兼顾成长。本课程在以教材学习为主要内容的基础上，结合实施进度，不断深度开发教学资源、教师资源及网络资源。总体上以身体锻炼为主要手段，以身体素质提升为主要方向，倾向于技能的提升，同时并不失知识的传授，冬奥知识、健康常识板块的推进，极力落实“健康第一”的指导思想。

3. 三阶段组织形式递进：形式多样、强化调动。以本校教师亲身示范代替传统文字、图片的传授，以多门课程选择代替作业打卡提交，以赛代练交流代替闭门造车苦练，以全家群动参与练习代替学生埋头苦练。种种的变化，都是在对现实情况的思考和分析下选择的优化方式。

4. 三阶段效果反馈明朗：辐射全体、同步提升。发挥本课程的性质，育体育人同步，参与即是肯定，拼搏即是进取，挑战即是不屈。学生提升身体素质，增强免疫能力；教师参与研讨，提升职业素质；家庭参与互动，增进家庭和谐。

总之，本课程旨在回归教育主体，结合学生发展的核心素养，依托史家体育"三格"教育理念，让"健康"二字深入人心，切实落地课程服务。

（三）课程内容

1. 总体制定课程内容，同时根据年龄和学识特点，分为三个水平段进行具体安排。分别为水平一（一、二年级）、水平二（三、四年级）、水平三（五、六年级）。教学内容板块相同，但是分配到具体年段学生的练习项目，从难度和练习强度上进行科学区分。

2. 本校教师参与录制所有练习项目，由本校教师录制指导视频，直观地做出练习示范和指导。共录制体育锻炼视频135个，其中特色操类视频12个、身体素质练习视频106个、亲子类视频17个。

3. 时间安排合理，每天一小时，拆分为上午、下午各半小时。上午主要是学生自主练习，固化练习科目，突出自我学习能力的提高。下午练习与学生体质健康测试相结合，有针对性地练习测试项目，量化标准，方便评价。同时安排亲子练习，提升练习兴趣，发挥亲子练习的积极作用。

4. 第三阶段增加项目挑战环节，面向集团所有校区所有学生，每周一项挑战项目。学生上交录制视频，教师成立复审小组对学生的成绩进行核查并统计。此举激发学生运动兴趣，项目安排简单、易操作，同时考虑到一年一度的健康测试工作，更好地凸显辅助作用。

5. 设计增加冰雪知识和健康常识，提高学生知识水平。结合冬奥会大背景，加强理论学习，更好地体现出体育学科知识与技能并存、育体与育人同步的教育意义。同步录制知识类教学视频 20 余个。

6. 责任到人，分组明确。在范校长的指导下，由张凯老师为组长，带领各校区组长（金帆、刘禹、刘延光、臧景一、刘悦）总体制定教学内容并组织相应教师参与录制。同时多名教师身兼多职，体育与健康部全体教师参与其中。

具体练习项目和负责教师如下。

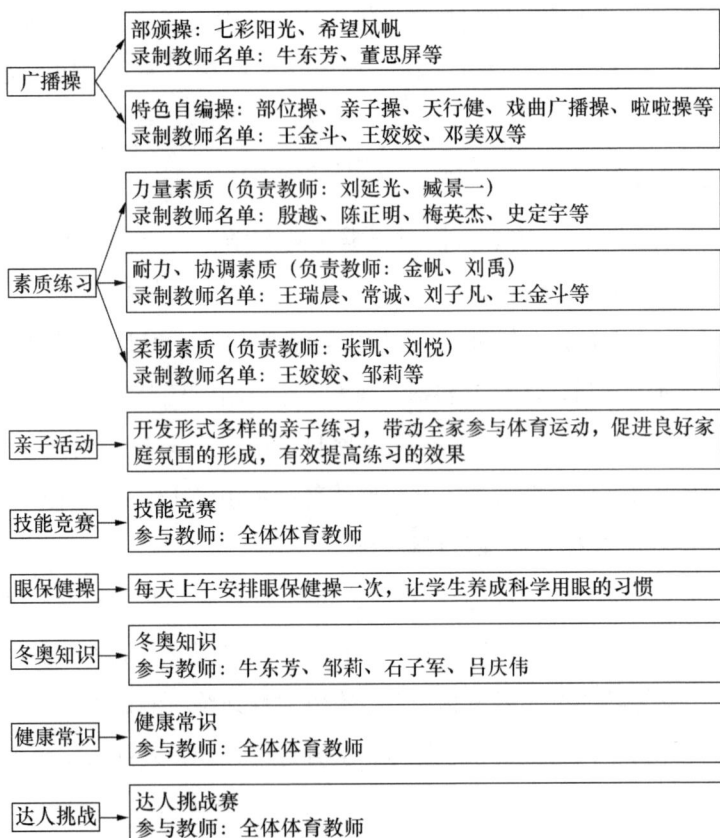

"影视教育" 课程实施方案

■ 张立新

影视艺术作为一种当代最具传播效应的大众艺术形式，广泛影响着人们的人生观、价值观，传播着时代的思想意识和价值观念。

2018 年，教育部和中宣部联合印发了《关于加强中小学影视教育的指导意见》，对影视教育进入中小学课堂做了明确的指示。史家小学将开设了几年的校本传媒课程改为"影视教育"，成为六年级的必修课。

在学生们通过网络进行学习的过程中，学校又将"影视教育"课程推广到全集团一至六年级。

一、指导思想

爱因斯坦在写给纽约罗里奇博物馆的信中曾说："电影，作为一种对人类精神幼年时期的教育方法，是无与伦比的。因为电影可以使思想剧情化，这比任何其他的方法更容易为儿童所接受和理解。"

优秀的影视作品是人们社会文化生活中的一道亮丽风景，一部部优秀的经典影片影响并感染了一代又一代人。优秀影片是对青少年产生很大影响的一种媒介。

近年来，教育部每年都向中小学生推荐优秀影片，红军精神、井冈山精神、长征精神、改革创新精神等都融入这些优秀影片中。史家小学在非常时期开设"影视教育"课程，目的就是通过观看优秀影片，帮助学生成长，透过故事感悟其内在精神；深度挖掘那些富有历史性、思想性、艺术性的情节内容，激发学生对党、国家和人民的热爱，坚定理想信念。

二、实施方法

通过每周为学生推荐一部优秀的影片，引导学生像阅读研习经典好书一样认真"品读"优秀影片。

在第一阶段（2月17日至4月10日），我们为学生精心安排了《小兵张嘎》《大闹天宫》《雷锋》《三毛流浪记》和《花木兰》等优秀影片，收到学生的观后感上百篇。

4月中旬，按照北京市教委有关疫情期间小学生在线学习的相关指导，结合史家教育集团的实际情况，学校又将课程调整为低段课程（一至三年级）和高段课程（四至六年级）两部分，授课时间统一调整为20分钟。

低段课程每周为学生推出一部完整的国产动画短片，旨在向学生进行传统文化的熏陶，利用孩子们喜闻乐见的优秀国产动漫对学生进行德育教育。内容安排包括《小蝌蚪找妈妈》《神笔马良》《渔童》《骄傲的将军》《九色鹿》等。

高段课程则体现与其他学科知识整合的思想，以主题方式针对一部电影进行深层次剖析。具体内容安排有《狼牙山五壮士》《林海音和城南旧事》《鲁滨逊漂流记》《宫崎骏和久石让》等。

三、效果反馈

从学生观看影片后的反馈情况来看，同学们非常喜欢这种形式的课程。疫情期间，通过在家观看影片，同学们不仅丰富了文化生活，开阔了视野、增长了见识，而且满足了身心发展需求，提升了审美及人文素养。

群防群控　群策群动

——史家教育集团延期开学"和谐课程1.0"实施情况综述

▌洪　伟　王　伟

新冠肺炎疫情阻挡了学生开学返校的脚步，但阻断不了学校众志成城、共克时艰的育人之路。当前，教育工作重在突破边界、融合资源，在学校与家庭、书本与社会、线上与线下的互通互构中着力促进学生健康成长。为此，史家教育集团进一步强化"多元群动、聚力史家"的党建特色，在党总支指挥下多措并举、多向关联，引导教师轮班办公，确保健康安全、尽责有为，确保学生居家学习积极充实、平稳有序。

一、群信合心、党政聚力

书记和校长联名致信集团教师，激励全体史家人迎难而上、聚力而为，在特殊时期扎实推进立德树人的根本任务。信中强调：大疫当前，教师凝聚起来，孩子就能凝聚起来，千万家庭就能凝聚起来，中华民族就能凝聚起来，举国一致、齐心一力、战胜一切！同时，我们从"个人有限、家国无限""困难有限、行动无限""平台有限、成长无限"三个方面，层层深入地统一全体教师的思想认识，在各种"有限"中凝心聚力、携手创造"无限"奇迹。

二、群线合识、家校聚力

开通校长热线，每天一位领导值守热线，及时解答家长居家教育的困惑和学生居家学习的问题。同时，我们在热线中向家长重点讲述，集团以"具有家国情怀的和谐发展的人"为育人目标，帮助学生突破"书本知识就是全部世界"的认识局限，让疫情成为学生成长的教科书，引导学生开启居家学习新模式，让学生内驱力、生长力、学习力在与教师和家长共同抗疫情、聊学习、论时事、谈家国的过程中步步形成。

三、群网合学、师生聚力

线上网络学习平台，让孩子们在基于"课程超市"供给体系的"和谐课堂"上自主安排、自主学习、自主成长。家校共育、经典阅读、品源至慧、影视赏析、每日诵读，丰富的线上学习内容凝聚了集团多年来"志在家国、学无边界"的教育思考。与此同时，孩子们制作时间规划表、撰写读书日志、设计陀螺、绘制华容道、开展亲子锻炼，这些精彩的线下实践活动充分彰显了"五育并举"的成长效应。

四、群班合育、教师聚力

在搭建由班主任组织的班级平台基础上，创设由党员教师模范带动的班级社区平台。班级社区平台由一至六年级相同班号的班级组成。每天 19:30，老师、学生、家长都可以相约展示、相聚交流。班级社区平台打破年级边界，让学生有更为广阔的空间，在群队中接受更多信息，获得更丰富的成长。每个班级社区里都有一位行政领导、五位党员老师及其他多位教师，参与分享交流并适时引导，用爱与智慧为孩子们创拓无尽的生命成长可能。

五、群管合治、校区聚力

快速架构信息化工作平台，指令联传、行动联调、档案联存，特别是在钉钉上建立贯通集团防控工作八个工作组、涵盖校区防控工作三个业务组的防控动态管理系统，及时沟通信息、归档材料。例如，第一时间制定《史家教育集团延期开学期间教职工管理办法》并上传平台，工作组、业务组条块并举、纵横推进，将教职工入门管理、消毒预防管理、办公环境管理、会议管理，以及倡导网上、远程办公，减少人员聚集的工作要求第一时间传达给各校区每一位教师。

群防群控，群策群动。史家教育集团"延期开学不停学"工作正在蹄疾步稳、扎实有效地推进之中。

第二节

成长课程 2.0

——温故知新　学之有法

疫情之下　成长之上

——史家教育集团"成长课程2.0"课程实施方案

▍韩巧玲

一、指导思想

突如其来的新冠肺炎疫情创生了一个加长版的寒假，假期虽然延长，但整个学校提前进入了开学状态。史家教育集团在"延期开学不停学"期间严格按照上级指挥，制定合理计划，采取有效的方式，守土尽责、精准施策。在把学生身心健康放在首位的同时，在课程设置上进行长链条思考，以终为始，不同阶段有不同的课程目标和侧重点，有规划、有体系、有层次设计各个阶段的课程内容，让"延期开学不停学"期间教师的教育教学、学生的居家学习生活都能够进入一个和谐、有序、稳定、健康的状态。

二、和谐课程1.0回顾

自2020年2月17日以来，史家教育集团"和谐课程1.0"线上课程全面推进。此阶段面对疫情肆虐，学生不能远足、不能返校，缺失了伙伴沟通、社会交往，因此最重要的是关注学生的身心健康，减少学生对疫情的恐慌和焦虑，为学生量身打造积极面对疫情、缓解焦虑的家校共育课程。通过"课程超市"提供的内容丰富、形式多样的课程，让学生学会自主学习、自我管理一日生活，加强自立意识、培养自强精神。课程内容集实践性、探究性、综合性、开放性于一体的，具有史家教育集团特色的精品课程群——集团无边界课程中20%综合实践活动课全面上线，包括家校共育、经典阅读、品源至慧、创意生活、漫步国博、艺术集萃、影视赏析、体育达人八个学习主题。

白天学生集中学习一小时，自主学习一小时；晚间的分享时刻，学生在班级社区分享自己一天的学习和生活收获。

三、成长课程2.0定位

从3月16日至4月10日，我们把这个阶段规划为学生延期开学的第二个阶段，定位为延期开学学生学习的深化期。微调整、微升级，让学生学会学习。

微调整、微升级一：课程目标的调整

学生经过一个月内容丰富、形式多样、"五育并举"的课程学习，情绪已趋于稳定，形成了一种积极向上、充满正能量的态势。此时增加一些围绕学科知识的以学习为主的课程内容，唤醒学生对知识的回忆，做好开学后学习的对接。以知识复习为载体，以探究性、主题性、专题性、项目学习等方式，引导学生学会学习，更多的是关注学生学习计划的合理制订、学习习惯的培养、学习方法的积累、学习策略的掌握，提升学生的学习能力和思维品质。

微调整、微升级二：课程内容的调整

在"家校共育""影视赏析""体育达人"栏目不变的情况下，用"语文园地""数形启智""英语乐园""普法养德""科技探索""创意有佳""艺术天地"替换了原有的课程主题。这些课程设置要凸显学科背景下的知识梳理，要凸显学科特色的主题设计，要凸显学科素养的发展、学习品质的培养、学习能力的提升。

微调整、微升级三：课程评价的调整

此阶段，每晚班级社区交流的内容更聚焦，多以学习为主，可以建议学生从学习习惯、学习方法、学习技巧、学习策略、学以致用、问题解决等方面进行学习的收获和感悟的分享。形式可以是用思维导图综述学习内容、学案举例介绍学习方法、联系实际分享学习收获等。

四、成长课程 2.0 实施细则

（一）设计思路

史家教育集团"课程超市"的学习已经进行了一段时间，通过调研问卷和每天晚上班级社区同学们分享的学习收获和体会，看到了同学们对于"课程超市"提供的课程的喜爱程度。从每天班级社区分享的内容中，老师们看到了同学们"宅"在家中一天的学习和生活是多姿多彩、快乐充实而又有意义的。"经典阅读"主题树立人生理想，弘扬民族精神，让蕴藏在典籍中的文化基因丰厚同学们的文化底蕴和人文修养。"品源至慧"品中华优秀传统文化和数学之源，发展学科素养、提升思维能力，汲取成长的力量。"漫步国博"以一件件文物为载体，感受古人矢志不渝、自强不息、民族大爱、匹夫有责的民族精神。"创意生活"丰盈了同学们的假期生活，将劳动意识、劳动技能、科学知识融入生活，同学们成为一个个家务劳动的小能手，生活更加充满乐趣。"艺术集萃"让同学们的艺术才华大放异彩，一首首动听的歌，一支支优美的曲子，一幅幅美丽的画，都让我们的生活更加明亮。"影视赏析"中同学们的审美能力在逐渐提升，通过影视作品感悟人生价值。"体育达人"让同学们在各项锻炼中勇敢乐观面对疫情，拥有坚持不懈的意志品格。

通过问卷调查，了解到家长新的诉求。应家长和同学们的要求，也为了让同学们的居家学习更充实，更加凸显"五育并举"与课内知识复习整合、学校特色课程与国家课程整合、学生居家生活与课程学习整合、学校课程与社会资源平台整合，从 3 月 16 日起，我们将"课程超市"的课程进行了调整。在保留了"体育达人""影视赏析""每日诵读"等活动课程的基础上，增加了"国宝博览"。核心学科的学习内容更加凸显学科素养的培养，关注学生学习方法的引导、学习能力的培养、思维品质的提升，让学生在复习的基础上学会学习。如语文学科在保留"经典阅读"课程的基础上，更加关注学生语文素养的培养，让学生在复习以往的知识时加强听说读写等语文学习能力的培养；数学学科由原来的"品源至慧"调整为"数形启智"，由中华传统文化视域下的综合实践活动课转型到课内知识的梳理与复习，帮助学生回忆上学期所学内容，通过不同主题式学习，培养学生的数学思维品质，学会用数学的眼光观察世界、用数学的语言表达世界、用数学的思维分析世界；而"英语乐园"则以绘本为载体，让学生在读绘本的过程中培养英语阅读能力、语言表达能力和听的能力；"普法养德""科技探索""艺术天地"等综合课程，延续第一阶段课程的综合性和实践性，又融入了学科课程内容的学习，让学生能够运用已经掌握的知识解决生活中的实际问题。

（二）课程框架

"成长课程2.0"的课程框架和大课表，我们还是以课程超量供给的方式，让同学们自主选择学习内容。在周一至周五晚上班级社区中，交流自己一天学习中的最大收获，与大同学、小同学分享学习感受。

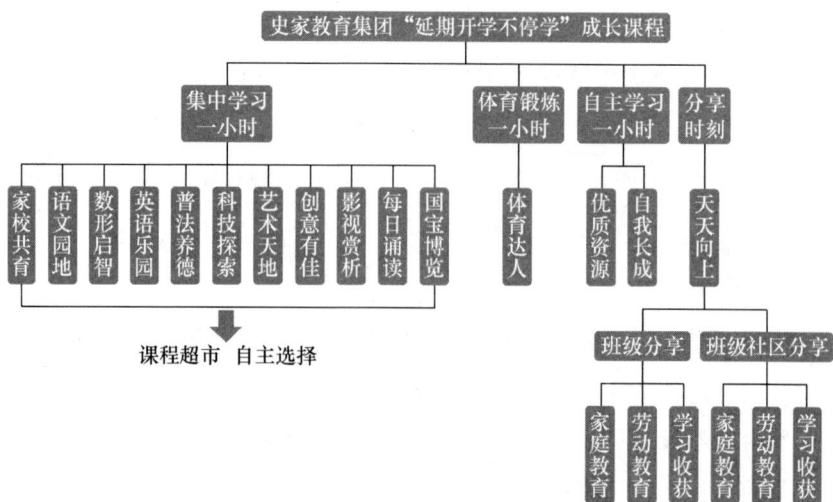

成长课程2.0课程框架图

史家教育集团"延期开学不停学"课程表

	周一	周二	周三	周四	周五
1	家校共育	家校共育	家校共育	家校共育	家校共育
2	语文园地	语文园地	语文园地	语文园地	语文园地
3	数形启智	科技探索	数形启智	科技探索	数形启智
4	普法养德	英语乐园	英语乐园	英语乐园	普法养德
5	影视赏析	艺术天地	创意有佳	艺术天地	创意有佳
6	健康达人	健康达人	健康达人	健康达人	健康达人
午间休息					
1	自主学习				
2	健康达人	健康达人	健康达人	健康达人	健康达人
3	班级社区展示				

通过这样的课程学习，目的是让每一个孩子都懂得：学习的意义何在，为什么要努力学习，报效祖国；担当的意义何在，为什么要挺身而出，临危不惧；责任的意义何在，为什么要甘于逆行，无私奉献；团结的意义何在，为什么要同心同德，同舟共济。作为教师，我们必须通过教育把这些优秀的品格和民族精神融入每一个孩子的血脉里。

（三）课程简介

"家校共育"课程继续以家长课程和学生课程两部分陆续进行推送。家长课程未来将调整为"孩子学业、情绪管理、身心健康、亲子关系、人际交往、家校沟通、家长角色、家长自我成长"八个方面，为家长提供全方位的家庭教育指导。学生课程部分将会以史家教育集团出版的《健康系列丛书》和《我们在服务中快乐成长》学生活动手册为载体，指导学生居家健康安全生活。

"语文园地"课程根据不同年级学生的认知水平、心理特点和学习需求，确定了需要重点复习巩固的基础知识、基本能力，甄选了不同的名著，师生同步进行知识梳理，同读经典名著。在师生共学的过程中，进一步激发学生的学习兴趣，选择、运用恰当的学习方法、阅读策略，形成自己的思考和认识，在学习中发展思维、提升素养、涵养品格，成长为具有家国情怀的社会主义建设者和接班人。

"数形启智"课程在教师和学生共同进行知识梳理和复习的过程中，让学生体会数学知识之间的本质联系，感受数学在生活中的应用价值，掌握有效的学习方法。通过解决问题，培养学生用数学的眼光观察世界、用数学的思维分析世界、用数学的语言表达世界。

"英语乐园"课程以绘本为载体，为不同学段的学生设计了各有侧重的自主学习内容。一、二年级以复习语音为主，通过绘本的阅读，掌握单词的发音规律、自然拼读规律，为口语表达奠定基础。三、四年级学生结合绘本阅读，完成思维导图、阅读笔记，目的是在阅读的同时，提升思维品质、建构表达逻辑，真正做到用英语做事情。五、六年级则通过对不同文本的阅读，梳理小学阶段的语言知识、语法重点，建构清晰的知识体系，让学生爱上阅读，变阅读为"悦"读。

"艺术天地"课程仍以艺术知识、艺术赏析、艺术实践三个板块内容为主，以培养学生艺术审美能力、艺术创作能力以及提高艺术修养为目标。艺术知识体现综合性，即传统艺术与现代艺术的融合、多门艺术与多门学科的融合。艺术赏析以欣赏中华文化艺术经典作品为主，培养学生审美能力，提高学生艺术修养。艺术实践以带领学生动手操作为主，既动手又动脑，学生能跟着视频在老师的带领下创作完成一个小的艺术作品。

"科技探索"课程将带学生畅游科技的海洋，领略探索科技的乐趣。我们的生活离不开科技，不论是遥远而浩瀚的宇宙，还是地球上丰富多彩的生命，都和科技有着密切的关联。

"普法养德"课程以关注身边的法律法规、树立规则意识、养成良好习惯、树立正确的人生观和价值观为目标。教学中通过讲故事、分析案例等多种方式发现生活中的规则，感悟祖先的智慧，传承革命精神，寻找历史背后的文化内涵，夯实民族认同，滋养家国情怀。

　　"影视赏析"课程通过每周推荐一部优秀的影片，引导学生像阅读研习经典好书一样认真"品读"，并透过故事体会其内在精神；深度挖掘那些富有历史性、思想性、艺术性的情节内容，激发学生对党、国家和人民的热爱，坚定理想信念。

"家校共育（二）"课程实施方案^①

█ 李　娟

一、设计背景

史家德育部家校共育课程进入"延期开学不停学"第二阶段。此阶段，继续进行每日家长课程的主题教育推送，学生课程部分我们以做好疫情期间的教育为前提，结合史家教育集团德育部开发的"我们在服务中快乐成长"课程（简称"服务＋"课程）内容为基础，开设"服务＋"线上系列课程内容。

二、指导思想

"服务＋"课程是在深度研究《中小学德育工作指南》《北京市中小学养成教育三年行动计划（2017—2019年）》《北京市中小学培育和践行社会主义核心价值观实施意见》等有关德育课程建设的政策资料，深刻总结史家教育集团各年级的亮点德育活动和国内外其他创新性的德育活动素材的基础上，秉持践行社会主义核心价值观、实现德育课程化、用实践的方式做德育、关注当前德育强调的内容以及将服务理念贯穿德育活动设计始终的课程设计思想。课程设计了四大主题四种类别共计144个服务主题活动，力求将服务学习的理念充分渗透到日常教育教学中，唤醒孩子成长的内驱力，引导他们心怀家国，立志筑梦。

---

① 此文为北京市教育科学"十三五"规划2018年度校本研究专项课题《小学德育中构建服务学习课程体系的研究》成果（CBIA18107）。

三、实施内容

德育部研发了"服务＋"德育课程系列学生手册：一年级《服务让生命有价值》；二年级《服务让伙伴共成长》；三年级《服务让自然添色彩》；四年级《服务让学习无边界》；五年级《服务让社会充满爱》；六年级《服务让未来更精彩》。

每个年级在四类活动和四大主题的统领下，根据年级特色和学生身心发展特点形成了特色鲜明的 4 个活动板块，突出对各年级服务活动目标的培养。

主题线 和谐线 ╲ 类别线	班级仪式类 文明礼仪主题	学新节日类 爱校爱国主题	家庭劳动类 健康环保主题	社会研学类 道德规则主题
一年级：生活	习惯养成	入队使命	安全健康	公物保护
二年级：伙伴	结谊互助	游戏盛会	健康家风	胡同精神
三年级：自然	低碳生活	校园护绿	垃圾分类	绿色出行
四年级：知识	诚信学习	书香校园	青春期健康	文化传承
五年级：社会	班级社区	法制宣传	德责传承	社会美德
六年级：未来	毕业感恩	国庆建言	创新环保	民族梦想

服务 +

一年级	二年级	三年级	四年级	五年级	六年级
知安全 重健康	百家姓 话家风	分垃圾 变资源	知两性 亮青春	好父母 传千古	小创客 大改变
少先队 担使命	游戏节 乐童年	氧气林 绿校园	溢书香 满校园	法律伴 秩序安	小雏鹰 献国礼
……	……	……	……	……	……

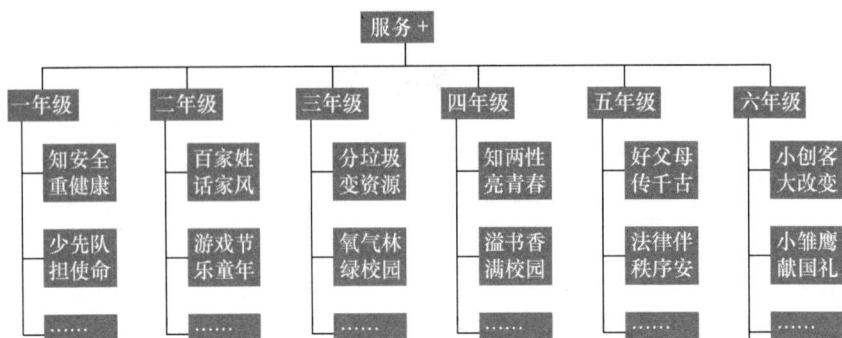

延期开学期间，德育部从各年级"服务 +"课程中选取了适合居家学习的内容，录制微班会，引领学生居家自主开展"服务学习"。具体课程安排如下。

史家小学"延期开学不停学"班级社区一览表

"服务 +" 课程	授课教师	备课成员	负责人	主要内容	推送日期 每周一
一年级： 知安全 重健康 （2 节）	朱芮仪 韩莉	刘　丹 王　宁 刘　佳 张　滢 金利梅 孙宇鹤	赵慧霞 杨　京	1. 结合疫情期间宅家生活，和孩子一起寻找居家安全隐患，完成"预防家庭安全问题"任务单； 2. 结合疫情期间学校、社会提出的健康居家方式，指导学生制作"家庭好习惯提示卡"	
二年级： 百家姓 话家风 （2 节）	李焕玲 李洋	翟玉红 李红卫 马　岩 滕学蕾 柯凤文 杨晓雅	王　晔 崔韧楠	1. 带领孩子简单认识百家姓，指导孩子用自己的方式调研自己班级的同学姓氏，试着完成任务单，提出自己的问题并进行研究； 2. 带领孩子了解名人家风故事，并采访家人，总结自己的家风，完成"分享有趣的家风故事"任务单	3 月 30 日 4 月 6 日 清明放假 4 月 13 日
三年级： 分垃圾 变资源 （3 节）	李　享 王靓楠	王　珈 车　雨 李梦群 徐　卓 张鑫然 潘　锶	鲍　虹 冯思瑜	1. 生活中都会产生哪些垃圾？带领孩子认识这些垃圾应该怎样分类，特别是区分出哪些是有害垃圾，然后制定"家庭垃圾分类说明表"；	

"服务+" 课程	授课教师	备课成员	负责人	主要内容	推送日期 每周一
				2. 如何让垃圾变废为宝？老师结合居家生活中产生的垃圾，引导孩子开动脑筋，指导填写"让垃圾变废为宝"任务单，并在课后按照任务单完成一个作品	
四年级： 知两性 亮青春 （2节）	杨倩 邢超	王滢 马佳宁 刘晓珊 海洋 赵苹 陈玉梅	吴丽梅 李文	1. 从寻找"男生女生的不同之处"任务单入手，引导学生认识了解两性之间的差异，学会尊重性别不同带来的不同性格，引导异性交往要恰当，给出具体的几点提示。学生课后还可以自己梳理"异性交往要恰当"任务单； 2. 四年级的学生开始进入青春期，特别是身体上的变化，老师要引导孩子去了解这些变化，完成"身心发展变化"任务单。学生尝试着和爸爸妈妈谈及这个话题。老师还可以就一些青春期的小困惑，教给学生解惑的小建议	
五年级： 好父母 传千古 （2节）	高江丽 张京利	李婕 王瑾 孙鸿 韩凯旋 李雪	郭文雅 刘霞	1. 父母是孩子的第一任老师，老师通过给孩子讲述古今经典的教子有方的故事，引导学生分析自己父母身上有哪些值得学习的地方，还有哪些需要改进的地方； 2. 教给孩子一些和家长沟通的好方法，一起分析家中的好家风，并试着一起制定一份"家庭履行公约"或书写自己的好家风	

"服务+"课程	授课教师	备课成员	负责人	主要内容	推送日期 每周一
六年级：小创客大改变（2节）	郑忠伟 崔 敏	王 映 赵朋秋 温 程 马克珊 谷思艺 徐艳丽 梁 彤	张均帅 高金芳	1. 认识人工智能，了解人工智能改变了我们什么。完成家人调研任务单。人工智能的发展靠的是创新思维，生活中如何让自己的脑洞大开？教给大家一些好方法； 2. 疫情期间宅在家中，看惯了常态下的居家摆设，可以和家人一起开动脑筋，并尝试将一些旧物改造一下，给自己的卧室、书桌等进行重新装饰。也可以和家人来一场亲子环保秀……老师可以给学生列举一些旧物换新颜的小范例，打开同学们的脑洞	
一年级：少先队担使命（2节）	徐 虹 谢紫微	王 宁 曹艳昕 刘 丹 张艾琼 刘 佳 李 洋	赵慧霞 崔韧楠	1. 带领一年级孩子从任务单入手认识红领巾的来历和意义，采访爸爸妈妈、哥哥姐姐，听听他们对少先队员的认识，为自己定下小小目标和行动计划； 2. 了解入队誓词，从誓词入手带领学生认识红领巾精神薪火相传的意义，并和家人一起制定一个红领巾亲子行动，为"六一"入队做好准备	4月20日 4月27日 5月4日 "五一"放假倒休，如果补周一的班会课，各班根据这四周的"服务+"课程内容，召开一次网络班会，学生自愿分享自己的学习成果，网络班会时间和形式自定
二年级：游戏节乐童年（2节）	史亚楠 史宇佩	刘 蕊 刘 欣 马 岩 滕学蕾 李焕玲	王 晔 杨 京	1. 居家学习的同时引导学生要学会为居家生活创造欢乐场。那就从来一场"班级家庭游戏节"开始，引导孩子先认识游戏，然后和家人创想一个好玩的游戏；	

"服务+"课程	授课教师	备课成员	负责人	主要内容	推送日期每周一
				2. 创意游戏如何展示？引导学生思考展示的方法，特别是如何宣传，让同学喜欢你的游戏项目。同时指导学生制定好游戏规则，等到开学后，来一场班级游戏节大比拼，在充实课间活动的同时，也给校园带来欢乐	
三年级：氧气林绿校园（2节）	潘锶闫仕豪	徐 卓车 雨李梦裙祁 冰周 婷边晔迪	鲍 虹刘 霞	1. 带领学生通过调查研究一起认识植树造林对人类和地球的意义，指导学生如何通过自己的行动实现"绿水青山"。特别是4月22日"世界地球日"来临之际，可以从在家做什么、为社区做什么、为社会做什么开始着手；2. 以史家教育集团各校区的花草树木为切入点，引导学生去观察认识校园中的绿植，并呼吁他们发挥想象，应该怎样去维护建设好美丽的校园	
四年级：溢书香满校园（2节）	刘璐晨陈玉梅	苗 苗张 璐马佳宁杨 倩刘晓珊	高金芳李 文	1. 自古就有"腹有诗书气自华"的说法，宅家两个月的你阅读了多少本书？从一次班级阅读量统计分析报告中，引领学生认识阅读的重要性。指导学生分析自己的阅读优势与劣势，制定阅读成长计划；2. 来一次"班级好书漂流"活动，或者结合4月23日"世界读书日"开展一场班级读书节。指导学生如何开展好书漂流，特别是在家怎样做好网上阅读漂流活动。可以从形式上（策划书友会、好书阅读网上接龙、故事大会……）提出好建议，也可以从书的内容上提出分享建议	

"服务+"课程	授课教师	备课成员	负责人	主要内容	推送日期每周一
五年级：法律伴秩序安（2节）	迟佳沙焱琦	李婕葛攀黎童瑾王雪白磊陶淑秦月	郭文雅冯思瑜	1. 居家网络学习也需要了解相关法律，确保我们的居家安全和身心健康。可以引导学生了解《网络安全法》《预防未成年人犯罪法》《未成年人保护法》中的一些与他们相关的法律内容，以丰富的案例或者身边的事例入手，让学生懂得守法的重要性。同时，建议学生在家中开办一场"知法少年小讲座"分享给家人； 2. 生活中、校园中法与情的冲突有不少事例，可以找出来，引导学生和家人开一场家庭辩论会。从辩论中总结启示，然后大胆地说出自己的观点。老师再找一些校园中的"规则"，从情景两难的状况中，引发学生深度思考，并提出校园秩序建言等	
六年级：小雏鹰献国礼（2节）	马克姗杨京	郑忠伟范晓丽乔淅林琳满惠京	张均帅万平	1. 结合此次疫情，组织学生来一场"寻找身边的英雄"活动，指导学生如何认识"英雄"。可以从古至今、从远到近，用老师、同学的讲述适时指导学生讲好英雄故事。还可以思考时代的进步、祖国的发展与英雄之间有什么关系，为下节课做好铺垫； 2. 江山代有伟人出。时代的进步、国家的发展和伟人的出现有着怎样的关系？（古有大禹，今有袁隆平、钟南山……）老师通过对1~2个人的具体分析适时指导任务单内容，启发学生学习和思考。根据今天所学，尝试和家人来一场"英雄与时势"的辩论赛，随机出示任务单，做好温馨提示	

四、实施流程

"服务 +"课程以年级为单位，打通集团各校区，形成大年级组制。教师在共同研讨课程内容的基础上撰写录课方案、研究教学策略、录制线上课程、组织网络观看、提倡线下实践，并尝试在班级社区、网络班会或开学后进行不同形式的展示汇报，力求将课程内容扎实有效推进，助力学生健康成长。

五、课程亮点

1. "思想新"："服务 +"课程内容坚持"用实践的方式做德育"，强调每一个活动设计源于生活，情系社会。通过教师的引领，提倡学生在真实的体验中感受学习与服务之间的内在联系，从而不断成长。

2. "体系新"："服务 +"课程内容依托史家教育集团"五大和谐"育人体系。根据不同年级特点设计形成六条学生培养轴线，将看似零散的教育活动以"服务学习"为主线串联，培养学生成为具备终身学习能力的建设者和接班人。

3. "结构新"：每本手册都强调"班级—学校—家庭—社会"四种学习场域的结合，有效地渗透"仪式类—节日类—劳动类—研学类"不同活动的开展指导，发挥"协同育人"理念下的最大育人价值。

4. "模式新"：每一节"服务 +"课程内容强调教师必须按照"认识—体验—表达"这样的逻辑设计教学内容，让学生感受课程是从生活中来、到生活中去，特别是要给予他们更多展示、分享、交流的空间和平台。

5. "内容新"："服务 +"课程内容一共 144 个活动。疫情期间为了让居家学习的学生有的放矢，让居家的亲子互动其乐融融，让家校共育的教育效果更好，学校将活动内容进行重组，安排了安全健康、法律常识、创意设计、青春期教育等内容，还结合"世界读书日""地球与环境日""植树节"等安排内容，做到德育教育常做常新。

"普法养德"课程实施方案

▍郭志滨

一、指导思想

"普法养德"课程以小学《品德与社会（生活）》学科的课程标准以及《青少年法治教育大纲》为指导思想。课程设置与研发充分尊重《品德与社会（生活）》学科综合性、社会性、生活性，同时聚焦学生的法治教育，从生活示例中学习法律知识，养成规则意识，引导学生从小树立法治观念，养成自觉守法、遇事找法、解决问题靠法的思维习惯和行为方式。课程以生活为起点，以规则养成和法律意识培养为切入点，以学生的发展为成长点。

二、实施理念

课程实施以案例教学为主，以国家课程教材内容为依托，全面综合教学内容，建立大教育的主题观念，将课本教学内容予以生活化呈现。课程倡导通过多种形式让学生隔空参与，在视频课程录制过程中，要有互动、有启发、有动手、有思考，注重思辨能力、动手能力、信息分析能力以及道德判断能力的有效培养。

三、工作流程

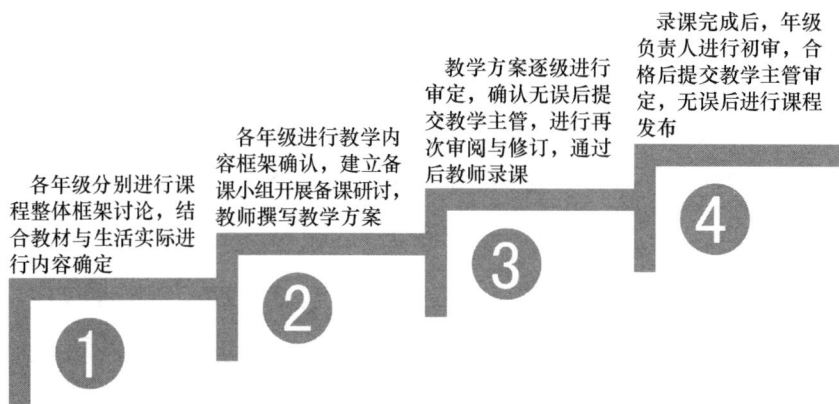

各年级分别进行课程整体框架讨论,结合教材与生活实际进行内容确定 ①

各年级进行教学内容框架确认,建立备课小组开展备课研讨,教师撰写教学方案 ②

教学方案逐级进行审定,确认无误后提交教学主管,进行再次审阅与修订,通过后教师录课 ③

录课完成后,年级负责人进行初审,合格后提交教学主管审定,无误后进行课程发布 ④

四、工作亮点

1. "普法养德"课程是对"道德与法治"课程的高度凝练与整合、优化、重组教材内容,以期促使学生养成规则意识、积淀法律知识,为开学后的学习对接做好铺垫与准备。

2. "普法养德"课程立足于国家与公民的层面,内容涵盖的不仅仅是对国家的认同,更是作为一个公民我们应该如何做,既包含了公民的基本素养,也涵盖了学生的个性化发展。通过国家与公民的学习达成国家认同,从而树立正确的社会主义核心价值观。

3. 课程关注学生学习方式的转变。从教学方式上看,更加关注互动、思维、实践与探究。从内容选择上看,聚焦了生活中的实际问题,以及社会上的热门话题和学生自身成长中的困惑等,凸显了贴近学生生活的教学理念。

4. 课程内容涵盖了中华优秀传统文化、革命传统教育、生态环境伦理等 7 个不同领域,与国家课程相辅相成,全面打开学生视野,为学生的成长与知识的建构搭建"脚手架"。

五、课程内容

课程内容包括六大领域，即我的健康生活、我的家庭生活、我们的学校生活、我们的社区生活、我们的国家、我们共同的世界。六大领域涵盖了六大教学主题，即日常生活中基本文明素养教育、规则意识和民主法治教育、爱国爱党教育和革命传统教育、中华优秀传统文化教育、爱自然（生态伦理）教育、开放的国际视野教育。

序号	课程主题	教学内容
1	日常生活中的基本文明素养教育	《对自己说话算话》《我的好邻居》《优秀家风代代传》《在反思中成长》《文明购物我做起》《读懂家人的心》《我们都是独一无二的》《做更好的自己》《和同学在一起》《尊重从自己做起》《我的好朋友》《各行各业的劳动者都值得被尊重》
2	规则意识和民主法治教育	《规则在生活中安家》《公共生活齐参与》《小包装大学问》《游戏健康安全才好玩》《处理冲突有方法》
3	爱国爱党教育和革命传统教育	《兽首归 诉国耻》《从人民英雄纪念碑说起》
4	中华优秀传统文化教育	《美食与地域环境》《认识纸》
5	爱自然（生态伦理）教育	《做环保小卫士》《认识花草》《感恩大自然》《珍贵的小水滴》《我的环保好搭档》《美丽的地球》《空气污染会应对》《新鲜空气要保护》《快来帮帮小水滴》《保护植物》《认识风》《身边浪费知多少》
6	开放的国际视野教育	《多彩的民族服饰》《各具特色的世界民居》

"语文园地" 课程实施方案

▌高李英

一、指导思想

继续落实"五育并举"目标，增加围绕学科知识的内容，唤醒学生对知识的回忆，注重学生学科素养的发展、学习品质的培养以及学习能力的提升。

二、课程目标

在经典阅读与课内知识复习双线并行策略下，在师生共学过程中，进一步激发学生的学习兴趣，选择运用恰当的学习方法、阅读策略，形成自己的思考和认识，在学习中发展思维、提升素养、涵养品格。

三、课程内容

1. "经典阅读"每个年级从下册"读书社"课程中选择一个教学内容，根据实际情况调整设计教学内容。

2. "语文园地"对教材内容进行合理有效的整合，选取课本中最具代表意义的知识点，结合学生实际学习中真正的重点与难点，按照字、词、句、段、篇的梯度，形成知识的框架和思维的阶梯，并以生动

一年级　　　　　　二年级　　　　　　三年级

四年级　　　　　　五年级　　　　　　六年级

有趣的阅读材料一线贯穿。由文字渗透文学，由文学浸润文化，激发起学生的学习热情。

四、课程特色

1. "经典阅读"书目遴选经典，体察童心，以经典性和儿童性作为择书标准，积极探索经典书籍与儿童生活的契合点。注重对阅读方法和策略的渗透，帮助学生养成良好的阅读习惯和阅读能力。

2. "语文园地"整体建构，听说读写一线贯穿，力求帮助学生形成网状的知识体系。同时，本着"有讲有练，边讲边练"的原则，注重学生的主动参与；重视方法和策略的指导，帮助学生完善认知系统，提升将书本知识转化为实际运用的能力；注重引导学生在学习中反思，在反思中总结方法、寻找不足，并逐步做到运用自如。

五、管理分工

史家校区负责人：陈燕、闫欣、王静

实验校区负责人：高李英

七条校区负责人：王秀鲜

备课小组教师安排（以五年级为例）

序号	日期	授课内容	录课教师	备课团队
1	第五周 周一 （3月16日） 8:40～9:00	一、二单元巩固与提升： 【字词闯关】易错字，难理解词，重点在辨析、理解与运用，指导方法。可参考卷子中考过的题目。 【积累比拼】古诗、日积月累等内容，立足学生上学期学习的难点，重点引导，灵活运用。 【阅读进阶】立足本单元语文要素，从学生上学期学习中掌握不扎实的重难点内容，精选段落讲解，可拓展运用。 一单元聚焦：了解课文借助具体事物抒发感情的方法，可链接"语文园地二　交流平台"。 二单元聚焦：学习提高阅读速度的方法，可链接"语文园地二　交流平台"	黎　童	王建云 王秀军
2	第五周 周三 （3月18日） 8:40～9:00	三、四单元巩固与提升： 【字词闯关】易错字，难理解词，重点在辨析、理解与运用，指导方法。可参考卷子中考过的题目。 【积累比拼】古诗、日积月累等内容，立足学生上学期学习的难点，重点引导运用。 【阅读进阶】立足本单元语文要素，从学生上学期学习中掌握不扎实的重难点内容，精选段落讲解，可拓展运用。 三单元聚焦：创造性地复述故事，可链接"语文园地三　交流平台"，将三单元"口语交际"和"快乐读书吧"内容作为开放性作业	迟　佳	高江丽 王香春
3	第五周 周五 （3月20日） 8:40～9:00	五、六单元巩固与提升： 【字词闯关】易错字，难理解词，重点在辨析、理解与运用，指导方法。可参考卷子中考过的题目。	沙焱琦	刘　岩 李　婕

序号	日期	授课内容	录课教师	备课团队
		【积累比拼】古诗、日积月累等内容，立足学生上学期学习的难点，重点引导运用。		
		【阅读进阶】立足本单元语文要素，从学生上学期学习中掌握不扎实的重难点内容，精选段落讲解，可拓展运用。		
		五单元聚焦：了解基本说明方法。		
		六单元聚焦：体会场景和细节描写中蕴含的感情，可链接"语文园地六　交流平台"		
4	第六周 周一 （3月23日） 8:40~9:00	七、八单元巩固与提升： 【字词闯关】易错字，难理解词，重点在辨析、理解与运用，指导方法。可参考卷子中考过的题目。 【积累比拼】古诗、日积月累等内容，立足学生上学期学习的难点，重点引导运用。 【阅读进阶】立足本单元语文要素，从学生上学期学习中掌握不扎实的重难点内容，精选段落讲解，可拓展运用。 七单元聚焦：体会景物的静态美和动态美。 八单元聚焦：阅读时注意梳理信息，把握内容要点	秦　月	宋宁宁 李　静
5	第六周 周三 （3月25日） 8:40~9:00	综合复习一 【授课要点提示】所有语文园地中的词句段运用部分做梳理及运用拓展	白　雪	彭　霏 王　瑾
6	第六周 周五 （3月27日） 8:40~9:00	综合复习二 【授课要点提示】结合单元试卷和期末测试卷，重点讲解阅读和习作方法（聚焦五年级上册第四单元学习列提纲、分段叙述的习作方法），为后续学习提供借鉴	葛　攀	张　颖 陶淑磊

"数形启智" 课程实施方案

▌ 韩巧玲

一、指导思想

从 2020 年 3 月 16 日起，史家教育集团的"和谐课堂"开启了一个新的学习阶段。学生们的居家学习已经趋于稳定，数学部在延续第一阶段"品源至慧"课程的基础之上，在关注学生身心健康的同时，在课程学习中融入了学科知识内容。由于学生还处在延期开学阶段，因此集团数学部严格按照上级的要求不讲新课，而是以知识复习为主。在课程学习的过程中唤起学生对以往知识的回忆，复习巩固已经学过的知识，积累学习方法和策略，提升学习能力和思维品质，成为此阶段学生学习的最终目标和落脚点。

二、课程定位

从课程题目"数形启智"不难看出，此阶段课程设计的育人目标是通过数学特有的"数"与"形"的复习与研究，提升数学学习能力，探究知识之间的内在联系，做到自主发展、学会学习，培养学生的数学核心素养。这也是史家教育集团培养和谐发展的人的育人目标。

三、课程框架

我们在分析学生身心发展、年龄特点和认知规律的基础上，结合学生在家学习的特殊性，给每个年级精选 11 个活动主题，一至六年级共 66 个主题内容来展开丰富多彩的探究。"数形启智"具体课程内容框架安排如下表所示。

一年级	二年级	三年级	四年级	五年级	六年级
数与数	以形助数巧计算	"薄""厚"巧循环	温故知新融会贯通	变与不变在计算中的应用	数的语言
清"理"明"法"	巧思妙解话九九	用联系的眼光看问题	当点遇到线	触类旁通取巧凑整	思维的"工具"
有趣的填数游戏	点线之间趣关联	讲道理的数运算	巧迁移认大数	厘清数量关系轻松解决问题	物不知数
说"图"解"意"	时间分配巧安排	多策略想问题	当"1"遇到平均分	天平原理中的代数	能想会算
借"图"述"理"	画图帮我学数学	重联系巧辨析	巧用小妙招	运用方程思想择优解决问题	攒零凑整
以"图"梳"知"	数学就在我身边	变与不变话周长	厘清关系解决问题	事半功倍的转化	巧估妙算
数方块	加减法巧算	探秘分数墙	三角尺的"大作为"	图形中有趣的"一半"	会说话的字母
七巧板	乘法知识巧运用	藏在圆圈中的秘密	探秘角度	图形中的"等积变形"	多角度思考
"绘"话时间	生活中的数学	化繁为简数图形	与你见"面"	从数学的角度看"公平"	化繁就简
九宫格填数	巧数图形寻方法	玩中学做中思	统观疫情制定规划	数的故事	魔术棒巧解趣行程
等量代换	奇思妙想七巧板	探规律解奥秘	合理安排巧优化	行车走路中的问题	"画图策略"助"思维"

四、课程亮点

1. "数形启智"课程关注具体知识内容的梳理，在梳理过程中让学生通过联系、沟通、延伸，将所学知识由点连成线，由线构成面，再构建知识网络。

2. "数形启智"课程关注学生学习方法、学习策略的积累和提升。教师的授课以知识为载体,借助知识的回忆、梳理、重构,更多的是传递给学生学习的能力,让学生学会学习,储备一生发展的能量,让学生学有生命力的数学。

3. "数形启智"课程关注学生学习品质、学科素养的培养。数学源于生活,又要服务于生活,但这远远不够。学生通过数学学习,更应该形成良好的思维品质、严谨的数学精神、至高的科学境界。

4. "数形启智"课程应重在培养学生数学思维能力,使学生学会用数学的眼光观察世界,用数学的思维分析世界,用数学的语言表达世界。

五、实施流程

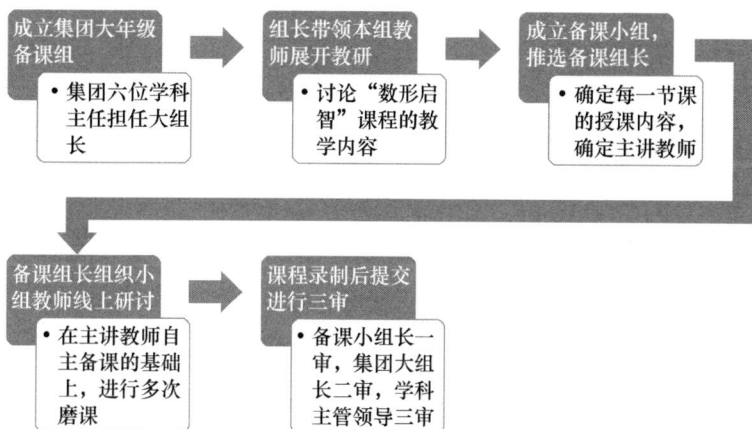

"数形启智"课程以培养学生能力为目标,精心组建教研团队。每一个年级每一节课(20分钟)都有专门的备课小组,小组负责人、备课团队教师、主讲教师、专家教师四方协同打磨精品课程。

六、各年级课程列表

一年级数学授课列表

周次	授课节次	课程项目	具体课题	授课方式	负责人	小组负责人	备课小组	主讲人
第五周	第一节	数形启智	数与数	微视频	任江晶	焦正洁	杨昕明 张文佳	杨玥
第五周	第二节	数形启智	清"理" 明"法"	微视频	任江晶	杨昕明	刘雪红 才燕雯	李宏
第五周	第三节	数形启智	有趣的填数游戏	微视频	任江晶	徐虹	杨昕明 刘雪红	常媛媛
第六周	第一节	数形启智	说"图" 解"意"	微视频	任江晶	张文佳	杨昕明 焦正洁	洪珊
第六周	第二节	数形启智	借"图" 述"理"	微视频	任江晶	纪晓凤	罗一萍 马涵爽	郭雪莹
第六周	第三节	数形启智	以"图" 梳"知"	微视频	任江晶	纪晓凤	马涵爽 罗一萍	刘美琪
第七周	第一节	数形启智	数方块	微视频	任江晶	李宏	洪珊 才燕雯	焦正洁
第七周	第二节	数形启智	七巧板	微视频	任江晶	杨玥	洪珊 刘雪红	张文佳
第七周	第三节	数形启智	"绘"话时间	微视频	任江晶	纪晓凤	刘美琪 郭雪莹	罗一萍
第八周	第一节	数形启智	九宫格填数	微视频	任江晶	刘雪红	常媛媛 李宏	杨昕明
第八周	第二节	数形启智	等量代换	微视频	任江晶	才燕雯	常媛媛 杨玥	徐虹

二年级数学授课列表

周次	授课节次	课程项目	具体课题	授课方式	负责人	小组负责人	备课小组	主讲人
第五周	第一节	数形启智	以形助数 巧计算	微视频	周霞	容戎	杜楠 梁英 王莹	鲁静
第五周	第二节	数形启智	巧思妙解 话九九	微视频	周霞	李焕玲	韩晓梅 王莹	杨扬

98

续表

周次	授课节次	课程项目	具体课题	授课方式	负责人	小组负责人	备课小组	主讲人
第五周	第三节	数形启智	点线之间趣关联	微视频	周霞	乔艳	金海燕 赵民	沈瑶琳
第六周	第一节	数形启智	时间分配巧安排	微视频	周霞	杨敬芝	魏颖琳 化子怡 张倩	杨敬芝
第六周	第二节	数形启智	画图帮我学数学	微视频	周霞	乔艳	金海燕 沈珧琳	赵民
第六周	第三节	数形启智	数学就在我身边	微视频	周霞	容戎	杜楠 梁英 王莹 鲁静	容戎
第七周	第一节	数形启智	加减法巧算	微视频	周霞	李焕玲	王雯 杨扬	韩晓梅
第七周	第二节	数形启智	乘法知识巧运用	微视频	周霞	杨敬芝	化子怡 张倩	魏颖琳
第七周	第三节	数形启智	生活中的数学	微视频	周霞	容戎	王莹 鲁静	梁英
第八周	第一节	数形启智	巧数图形寻方法	微视频	周霞	杨敬芝	魏颖琳 化子怡	张倩
第八周	第二节	数形启智	奇思妙想七巧板	微视频	周霞	乔艳	金海艳 赵民 沈瑶琳	乔艳

三年级数学授课列表

周次	授课节次	课程项目	具体课题	授课方式	负责人	小组负责人	备课小组	主讲人
第五周	第一节	数形启智	"薄""厚"巧循环	微视频	高雪艳	王园园	刘伟男	高雪艳
第五周	第二节	数形启智	用联系的眼光看问题	微视频	高雪艳	高雪艳	李晓桐	王园园
第五周	第三节	数形启智	讲道理的数运算	微视频	高雪艳	李晓桐	王颖	刘伟男
第六周	第一节	数形启智	多策略想问题	微视频	高雪艳	刘伟男	马心玲	李晓桐
第六周	第二节	数形启智	重联系巧辨析	微视频	高雪艳	马心玲	高雪艳	王颖
第六周	第三节	数形启智	变与不变话周长	微视频	高雪艳	王颖	王园园	马心玲

周次	授课节次	课程项目	具体课题	授课方式	负责人	小组负责人	备课小组	主讲人
第七周	第一节	数形启智	探秘分数墙	微视频	高雪艳	肖畅	刘东荣	高雪艳
第七周	第二节	数形启智	藏在圆圈中的秘密	微视频	高雪艳	高雪艳	樊咏	肖畅
第七周	第三节	数形启智	化繁为简数图形	微视频	高雪艳	樊咏	万银佳	刘东荣
第八周	第一节	数形启智	玩中学做中思	微视频	高雪艳	刘东荣	侯宇菲	樊咏
第八周	第二节	数形启智	探规律解奥秘	微视频	高雪艳	侯宇菲	肖畅	万银佳
第八周	第三节	数形启智	在涂画中学数学	微视频	高雪艳	万银佳	刘东荣	侯宇菲

四年级数学授课列表

周次	授课节次	课程项目	具体课题	授课方式	负责人	小组负责人	备课小组	主讲人
第五周	第一节	数形启智	温故知新融会贯通	微视频	刘颖	李文	卢超 范鹏	李文
第五周	第二节	数形启智	当点遇到线	微视频	刘颖	李文	王竹新 杨倩	范鹏
第五周	第三节	数形启智	巧迁移认大数	微视频	刘颖	牟凤敏	王丹 陈瑾	苗苗
第六周	第一节	数形启智	当"1"遇到平均分	微视频	刘颖	牟凤敏	苗苗 滕玉英	牟凤敏
第六周	第二节	数形启智	巧用小妙招	微视频	刘颖	赵彦静	金晶 张思雯	赵彦静
第六周	第三节	数形启智	厘清关系解决问题	微视频	刘颖	王滢	邢超 周元萍	王滢
第七周	第一节	数形启智	三角尺"大作为"	微视频	刘颖	牟凤敏	王丹 苗苗	刘颖
第七周	第二节	数形启智	探秘角度	微视频	刘颖	李文	王竹新 范鹏	卢超
第七周	第三节	数形启智	与你见"面"	微视频	刘颖	赵彦静	金晶 苗苗	张思雯
第八周	第一节	数形启智	统观疫情制定规划	微视频	刘颖	王滢	邢超 周元萍	杨倩
第八周	第二节	数形启智	合理安排巧优化	微视频	刘颖	牟凤敏	陈瑾 王丹	滕玉英

五年级数学授课列表

周次	授课节次	课程项目	具体课题	授课方式	负责人	小组负责人	备课小组	主讲人
第五周	第一节	数形启智	变与不变在计算中的应用	视频	景立新	曹 芸	景淑节	侯 琳
第五周	第二节	数形启智	触类旁通取巧凑整	视频	景立新	朱 文	高明一	刘 菲
第五周	第三节	数形启智	厘清数量关系轻松解决问题	视频	景立新	曹 芸	左明旭	曹 芸
第六周	第一节	数形启智	天平原理中的代数	视频	景立新	黎 妍	杨文佳	郭京丽
第六周	第二节	数形启智	运用方程思想择优解决问题	视频	景立新	王大贵	侯 琳	王 凯
第六周	第三节	数形启智	事半功倍的转化	视频	景立新	王大贵	刘 欢	刘爱军
第七周	第一节	数形启智	图形中有趣的"一半"	视频	景立新	曹 芸	刘 斐	高明一
第七周	第二节	数形启智	图形中的"等积变形"	视频	景立新	曹 芸	景淑节	左明旭
第七周	第三节	数形启智	从数学的角度看"公平"	视频	景立新	曹 芸	黎 妍	朱 文
第八周	第一节	数形启智	数的故事	视频	景立新	王大贵	杨文佳	黎 妍
第八周	第二节	数形启智	行车走路中的数学问题	视频	景立新	黎 妍	王大贵	杨文佳

六年级数学授课列表

周次	授课节次	课程项目	具体课题	授课方式	负责人	小组负责人	备课小组	主讲人
第五周	第一节	数形启智	数的认识1——数的语言	微视频	李冬梅	王 磊	林 琳	李海龙
第五周	第二节	数形启智	数的认识2——思维的"工具"	微视频	李冬梅	李 冉	李军红 罗 红	李冬梅
第五周	第三节	数形启智	数的认识3——物不知数	微视频	李冬梅	赵 蕊	孙桂丽	王 艳
第六周	第一节	数形启智	数的运算1——能想会算	微视频	李冬梅	赵 蕊	孙桂丽 王 艳	赵 蕊

续表

周次	授课节次	课程项目	具体课题	授课方式	负责人	小组负责人	备课小组	主讲人
第六周	第二节	数形启智	数的运算2 ——攒零凑整	微视频	李冬梅	田晓洁	王熙荣	淮瑞英
第六周	第三节	数形启智	数的运算3 ——巧估妙算	微视频	李冬梅	李冉	李军红 罗红	李冉
第七周	第一节	数形启智	会说话的字母	微视频	李冬梅	王磊	李海龙	林琳
第七周	第二节	数形启智	多角度思考	微视频	李冬梅	王磊	林琳 李海龙	王磊
第七周	第三节	数形启智	化繁就简	微视频	李冬梅	田晓洁	淮瑞英	王熙嵘
第八周	第一节	数形启智	魔术棒巧解 趣行程	微视频	李冬梅	田晓洁	王熙荣 淮瑞英	田晓洁
第八周	第二节	数形启智	"画图策略"助 "思维"	微视频	李冬梅	李冬梅	李冉 李军红	李冬梅

"英语乐园"课程实施方案

▌崔　旸

一、指导思想

　　根据北京市教委关于"延期开学不停学"工作的通知，结合史家教育集团"延期开学不停学"成长课程的总体方案，集团英语部统筹安排，根据不同年级学生年龄特点，从 2020 年 3 月 16 日起，在第一阶段"经典阅读"的基础上设计并实施"英语乐园"课程。该课程以复习为主、梳理学习方法和学习技巧为辅，逐渐融入学科知识，有助于学生为复课做好充分准备。

二、具体措施

　　1. 继续利用钉钉等网络办公软件，由集团年级组长负责组织各年级教师，按照年级标准，选取相应文本、撰写教学设计、制作教学课件。

　　2. 设计完成的课程，上传给对应的领导小组副组长，由副组长审核通过后，完成上线工作。若有问题及时调整，确保上线课程质量。

　　3. 领导小组组长每周定期组织组长会以及全体教师视频会议，及时调整方向、把控舆情，最终做到集团统一思想、全集团"一盘棋"。

　　4. 每位教师均被安排进入集团各个班级社区，每天负责组织、协调、记录班级社区学生学习反馈等情况。

三、课程框架

结合 1.0 课程内容，英语部教师根据不同年级学生年龄特点，选取了有代表性的英文绘本，其中包括课内辅助内容以及课外补充内容，力求提高学生阅读策略和阅读素养。

一年级	二年级	三年级	四年级	五年级	六年级
TheMagicHat	Phonics Time 9	ZooAnimals	Nian	Fact About Trees	Cao Chong Weights the Elephant
PulltheKey	Phonics Time 10	PetAnimals	NewYear's Day	What Are Materials?	The Foolish Man
DoesItFit	Phonics Time 11	FarmAnimals	Children's Day	What a Wonderful World!	Stone Soup
TheBigPot	Phonics Time 12	Seasons & Months	Seeing a Doctor	Night in the Wood	Energy
RubtheMug	Phonics Time 13	Seasons & Weathers	Forest in Danger	Whales	Molly in the Wonder Land
AdditionAnnie	Phonics Time 14	Seasons & Clothes	The Wind and The Son	Elephants	Racing Cars

四、具体要求

由于延期开学，因此在线课程以复习为主，不设计新授课内容，不布置作业，一切以培养学生能力为出发点，利用信息技术拓展学生学习途径、转变学习方式、培养学生自主学习的意识，确保上线课程取得实效。

1. 精心策划，多措并举。按照低、中、高三个学段，以绘本故事为主要载体，低年级侧重拼读法，了解必要的拼读规律、发音规律，利用这段居家学习的宝贵时间，夯实基础，掌握方法，建立学习英语的信心；中年级侧重对学生思维品质的培养，利用思维导图、阅读笔记等形式,让学生通过阅读,形成有逻辑的思维方式,并给予学生良好的学习方法;高年级仍然侧重口语表达,但基于高年级学习特点,在阅读语篇(text)的同时,帮助学生梳理小学阶段重要的语法,掌握阅读策略和方法。

2. 班级社区,过程监控。集团每位英语教师均进入一个班级社区,每天19:30会准时与不同年级的学生进行交流、互动,及时收集、反馈学生的英语学科展示内容,并将学生、家长的问题记录在案,为进一步优化课程设计做好准备。

3. 强化教研,群策群力。英语部一贯以集团教研组机制开展教研工作,以确保集团各校区学生享受公平有质量的教育。此次线上课程,更加体现了这一机制的重要性。集团各年级教研组在组长的带领下,步调一致,依靠集团的力量,努力探寻改进措施,弥补学习和教学中的不足,总结成功经验,不断优化教学流程,提升学习效果。

"科技探索" 课程实施方案

▌郭志滨

一、指导思想

"科技探索"课程以"面向全体，学生主体，自主探究，开放综合，素质养成"为指导思想，以期培养学生能够用科学的思维看待身边的事物，化疫情期间的不利为科学学习契机，促进学生与周围世界建立科学的认知关系，从而有效促进学生科技素养的发展与提升。

课程整体设计以"做中学"为理论依据，引导学生在动手实验中不断地探究与发现，在不断反思与再实验的过程中探寻到科技知识，从而促使学生能够掌握科学的学习方法，养成探究的科学精神。

二、实施理念

小学生对周围世界具有很强的好奇心与求知欲，基于这一年龄特征，在疫情期间，我们将科技探索课程定位在"引领他们学习与周围世界有关的科学知识"层面，同时与国家课程有机融合，对课程进行重组与再设计，研发了"科技探索"课程。在学校整体课程观的指引下，教研组从人与环境保护、人与动物世界、人与物质世界、人与自然资源、人与植物世界5个方面进行了课程的整体研发。

课程实施以学生动手操作为主、以教师"隔空"讲授指导为辅的方式展开。为了让学生在家中也能够做实验，老师们深挖日常生活中各种生活用品的新价值，使其成为课程的实验材料。在录课过程中，老师要为学生预留思考的时间，可以通过语言提示引导学生按下暂停键进行实验，之后再与老师的实验结果进行比较，充分调动学生学习的积极性，还要鼓励学生与家人进行讨论，一起探究学习的内容。通过有趣的实验、创新的设计、恰到好处的提示，师生之间实现隔空互动，从而落实探究性学习方法。一方面培养了学生的科学素养、科学精神，另一方面达到让学生对周围世界建立科学认知的教学目标。

三、工作流程

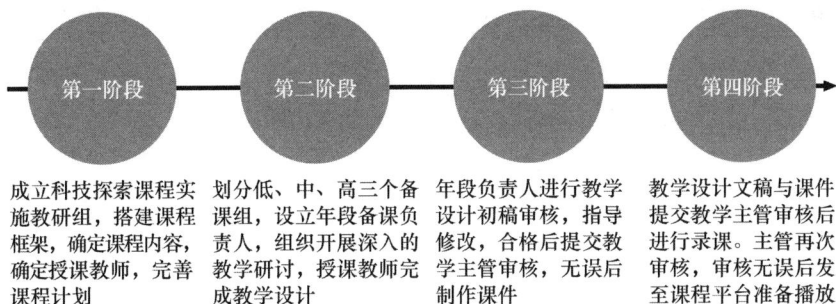

第一阶段	第二阶段	第三阶段	第四阶段
成立科技探索课程实施教研组，搭建课程框架，确定课程内容，确定授课教师，完善课程计划	划分低、中、高三个备课组，设立年段备课负责人，组织开展深入的教学研讨，授课教师完成教学设计	年段负责人进行教学设计初稿审核，指导修改，合格后提交教学主管审核，无误后制作课件	教学设计文稿与课件提交教学主管审核后进行录课。主管再次审核，审核无误后发至课程平台准备播放

四、课程亮点

1. 课程凸显自主探究，以学生为主体，多维视角、多种形式，极大地激发学生的学习兴趣，让学生乐学、爱学，学有所成。

2. 课程以动手实践为主，充分挖掘家中的各种物品，赋予其新的使用价值。让学生深刻体会到身边的各种事物都可以是研究的对象，都含有科学知识。

3. 课程将转变学生学习的方式，鼓励学生在实验中有新发现、有思考，要有大胆质疑、反复实验探寻结论的学习精神。

4. 在课程学习中潜移默化地引导学生与周围世界建立关联，在不断探究与实践中建构对世界的认知，养成科学看待事物的思维习惯。

五、课程内容

序号	姓名	课题	播出时间
1	高梦妮	认识四季	3月17日
2	高梦妮	人工世界的发展	3月24日
3	高梦妮	推力和拉力	3月31日
4	高梦妮	磁力大小我知道	4月9日
5	郝磊	自行车的古往今来	3月24日
6	郝磊	圆的应用	3月26日
7	郝磊	通信工具的发展	4月9日
8	郝瑞	乐享太阳能	3月17日
9	郝瑞	冷暖自知	4月2日
10	郝瑞	热是怎样传递的	4月9日
11	臧雨薇	神奇的太阳光	3月24日
12	臧雨薇	眼见不为实	4月7日
13	薛晓彤	显微镜下的神奇世界	3月17日
14	薛晓彤	制作降落伞	3月31日
15	马晨雪	植物的组成	3月17日
16	马晨雪	找空气	3月31日
17	马晨雪	流动的空气	4月9日
18	付莎莎	植物会"喝"水吗	3月19日
19	付莎莎	观云识天	4月2日
20	付莎莎	降水知多少	4月7日
21	叶楠	四季变化	3月19日
22	叶楠	制作扇子	3月26日
23	叶楠	身边的力与形变	4月2日
24	叶楠	磁铁探秘	4月7日
25	苏芳	认识果实	3月19日
26	苏芳	巧妙的结构	3月31日
27	郝雨阳	探秘植物的茎	3月24日
28	郝雨阳	做个气温观测员	3月31日

序号	姓名	课题	播出时间
29	郝雨阳	风向与风向仪	4月9日
30	黄呈澄	它们的果实在哪里	3月26日
31	黄呈澄	杯中的蜡烛	4月7日
32	李鑫坤	叶子知多少	3月26日
33	李鑫坤	卫星	4月2日
34	张怡秋	风力无尽，能源常青	3月19日
35	张怡秋	小孔成像的秘密	3月31日
36	杨华蕊	水	3月17日
37	杨华蕊	水的奥秘	3月24日
38	夏卫滨	永生花一	3月17日
39	夏卫滨	永生花二	3月24日
40	张海蒂	生物的启示	4月2日
41	张海蒂	奇妙的二氧化碳	4月9日
42	何美仪	认识植物	3月19日
43	何美仪	给植物分类	3月26日
44	何美仪	空气探秘	4月2日
45	何美仪	有趣的小风车	4月7日
46	张文芳	探索微观世界	3月19日
47	张文芳	有趣的镜子	3月26日
48	张文芳	走近无土栽培	4月7日

"艺术天地" 课程实施方案

▌ 谷　莉

一、指导思想

疫情期间，"隔离不隔爱，成长不掉线"已成为这段特殊时期积极向上、充满正能量的态势。我们基于学生的需求变化，在第二阶段课程中以"艺术天地"课程替换原有的"艺术集萃"课程。本阶段课程的设置，凸显艺术学科特色的主题设计和学生艺术素养的发展、艺术创造力的培养。课程以探究性、主题性、专题性、项目学习等方式，引导学生学会学习，更多地关注学生动手实践能力、创作能力、审美能力的提升。

二、实施理念

"艺术天地"课程以艺术知识、艺术赏析、艺术实践三个板块内容为主，以培养学生的艺术审美能力、艺术创作能力，提高学生的艺术修养为目标。艺术知识体现综合性，即传统艺术与现代艺术的融合、多门艺术与多门学科的融合。艺术赏析以欣赏中华文化艺术经典作品为主，培养学生的审美能力，提高学生的艺术修养。艺术实践以带领学生动手操作为主，既动手又动脑，学生能在老师的带领下创作完成一件艺术作品。

三、具体实施

1. 集团部门教研：召集集团学科组长，传达 2.0 课程方案，研究制定各学科授课计划。继续发挥艺术学科趣味性、综合性、实践性、自娱性的优势，关注学生成长，设计主题性、专题性、项目性的学习活动，以学段进行教学活动的设计。

2. 集团学科教研：初步建立集团学科组研讨团队，相互协作，取长补短，鼓励学科教师集体备课。骨干教师充分发挥引领性，带领青年教师共同进步。

3. 进行成果的梳理：依托艺术分院各研究室负责人，分享"艺术集萃""艺术天地"课程的好理念、好经验，并形成文本式的固化成果。

四、课程安排

第五周 "艺术天地"和谐课程安排	
周二	京剧（一至二年级）、音乐（三至四年级）、书法（五至六年级）
周四	黏土（一至三年级）、黏土（四至六年级）
第六周 "艺术天地"和谐课程安排	
周二	音乐（一至二年级）、音乐（三至四年级）、音乐（五至六年级）
周四	美术（一至二年级）、美术（三至四年级）、美术（五至六年级）
第七周 "艺术天地"和谐课程安排	
周二	音乐（一至二年级）、音乐（三至四年级）、书法（五至六年级）
周四	美术（一至三年级）、黏土（四至六年级）
第八周 "艺术天地"和谐课程安排	
周二	舞蹈（一至二年级）、书法（三至四年级）、音乐（五至六年级）
周四	黏土（一至三年级）、美术（四至六年级）

"创意有佳" 课程实施方案

■ 陈　纲

一、指导思想

从 2020 年 3 月 16 日起，"和谐课程"开启了新的学习阶段。在经历了第一阶段"创意生活"的学习后，在"创意有佳"阶段将原本的日常劳动、设计制作、考察探究三个板块进一步聚焦为日常劳动和考察探究两个板块，充分利用学生在家学习的条件，用实践架起知识与生活的桥梁，引导学生将知识应用到生活中，以做促学。

二、实施理念

"创意有佳"课程在"创意生活"的基础之上，深度聚焦日常劳动和考察探究两个主要板块，从学生的自身生活和发展需要出发，从生活情境中发现问题，并将其转化为活动主题。通过探究、服务、制作、体验等方式，提高学生的综合素质。让学生亲身经历劳动实践过程，获得劳动感受，体验劳动的艰辛与乐趣，分享劳动成果，养成劳动习惯，提高动手能力和发现问题、解决问题的能力。

日常生活劳动是指家庭成员在居家生活中必须从事的力所能及的劳动，以家庭为劳动教育的重要场所，根据学生的生活需要和发展需要，共同开展劳动教育，让学生亲历多样化劳动。它具体可以分为清洁、烹饪、收纳、家庭管理、照顾家人五大类。关键要素为选择劳动项目，实际操作演练，总结、反思和交流，概括提炼经验，在行动中应用。

考察探究则是根据居家生活特点，在教师的指导下，选择和确定自己的研究方向，在搜索、记录和思考中主动获取知识，在分析并解决问题的过程中形成勇于探究的精神。

三、课程亮点

1. 课程注重在家庭教育中有机融入劳动教育，让学生在日常学习生活中以积极的态度和浓厚的兴趣投入劳动、开展劳动，形成正确的劳动观念，增强劳动教育的实效性。

2. 课程根据学生年龄特征选择合适的项目和内容，在交流技术的同时，强调做好劳动保护，确保学生人身安全。

3. 课程围绕居家生活，抓住事实热点，引导学生观察、探究、思考，遵循"发现问题、分析问题、进行研究、初步解决、进一步研究、解决问题"的研究路线进行考察探究。

四、课程内容

节次	授课年级	具体课题	授课方式	负责人	主讲人
第一周					
第一节	一至三年级	手洗小衣物	微视频	赵 晶	赵 晶
	四至六年级	蔬菜大变身			张昕怡
第二节	一至三年级	佩戴口罩小烦恼		付 航	武 炜
	四至六年级	我是口罩小专家			姚 慧
第二周					
第一节	一至三年级	巧手收纳	微视频	陈 纲	焦 晨
	四至六年级				
第二节	一至三年级	有趣的传统游戏		付 航	王 佳
	四至六年级	玩转传统游戏			付 航

节次	授课年级	具体课题	授课方式	负责人	主讲人
第三周					
第一节	一至三年级	地面巧清洁	微视频	赵晶	张欣欣
	四至六年级	冰箱收纳			张倞然
第二节	一至三年级	清明节气我知道		付航	武炜
	四至六年级	跟着节气去探究			付航
第四周					
第一节	一至三年级	巧做米饭	微视频	赵晶	韩丽丽
	四至六年级				
第二节	一至三年级	擦亮心灵的窗口		付航	王佳
	四至六年级	保护视力从我做起			姚慧

第三节

发展课程 3.0

——精准施策　确保质量

慎终如始　成长续航

——史家教育集团"发展课程3.0"课程实施方案

▌韩巧玲

一、对标对表，贯彻落实市区精神

2020年3月31日，史家教育集团王欢校长、洪伟书记带领史家教育集团全体行政干部参加北京市东城区教育系统疫情防控领导小组第31次扩大会暨第11次全系统党政一把手会议，会上教工委刘藻书记和教委周玉玲主任先后传达了新阶段的市级工作部署及要求。

4月3日，史家教育集团王欢校长、洪伟书记带领集团各校区全体教学干部参加2020年春季学期北京市东城区小学教育教学工作会。市级精神指出，从4月13日开始，学生的居家学习将进入一个新的阶段，要做好转段、转场、转要求的有效衔接。在巩固已有工作经验的基础上，教育教学工作目标将做出相应调整，由以疫情防控为主、学生居家自主学习阶段，调整为进入疫情防控和课程教学相结合的新阶段。新阶段的工作要做到定点、定位、定线，立足当下，落实课程教学计划；优化安排，确保教育教学质量不滑坡。整体统筹疫情防控与教育教学工作，要同谋划、同部署、同落实，两手抓，两手都要硬。统筹管理与指导，要以精准的服务实现教育教学任务的完成，实现教育教学质量的提高。

结合东城区两次会议中市区精神传达和工作部署，史家教育集团在王欢校长和洪伟书记的带领下，于3月31日和4月3日相继召开了两次集团校务扩大会议,对新阶段的课程推进工作做了充分的研讨和谋划。

王欢校长指出,新阶段、新形势、新落点,组织和管理已经从柔性管理阶段进入刚性管理阶段。新阶段的课程落实与推进应做好三个整合、四个优化。三个整合,即各学科间教学任务的整合;学科内以大概念、大单元、任务群为基本形式,突出基础,进行知识间的整合;延期开学与正式开学教育教学计划的整合。四个优化,即优化教育教学的管理,优化教育教学的推进与实施,优化学生线下与线上的学习方式,优化学生学业评价的管理。

洪伟书记指出,延期开学阶段,教师虽然居家办公,但应始终如一以工作的状态投入学校的课程推进与实施过程中。关注疫情期间学生的身心健康、居家学习状态,做好家校沟通。要从思想上严格要求自己,在行动上提高自己的责任心,树立一切为学生服务的思想。以高度的责任心和使命感,以自己的言传身教给学生上好"人生成长大课"。

二、做实做细,稳步推进课程计划

按照做好2020年春季学期中小学课程教学工作的要求,认真落实《北京市2020年春季学期中小学课程安排指导意见》《2020年春季学期学科教学指导意见》。在新阶段,细化各学科在此阶段的教学任务,明确教学目标,做好学生学习的管理与指导,确保教学质量不滑坡。在王欢校长和洪伟书记的引领下,史家教育集团教学干部团队经过多次磨合,制定了史家教育集团第三阶段"发展课程"的实施方案。

(一)了解课程定位,统一认识

准确理解"整体"的含义。北京市教委指出,2020年春季学期教育教学工作是一个整体,延期开学阶段和线上学科教学,以及中小学正式开学后共同组成本学期。此次市教委下发的课程实施计划延续到学生正式开学，乃至期末放假。

因此，4月13日开始的线上学科教学一定严格按照两个指导意见推进，组织好学生此阶段的学习，保证学生的学习实效。开学后，线上课程学习的内容不再"回炉"，而是线上课程的延续。

在13周的教学时长里，课时明显减少，在这种情况下还要完成既定教学内容，达成"课标"规定的教学目标，这就需要我们整合学科内容，以大概念、大单元、任务群为基本形式，对教科书各单元或章节进行整合、重组和精简，突出基础、主干和核心课程内容，确保实现学科育人目标。

（二）明确课程目标，精准施策

史家教育集团自2月17日"延期开学不停学"以来，构建了以"培育具有家国情怀的和谐发展的人"为目标，凸显"博·悟"定位，集综合性、实践性、探究性、研究性、开放性于一体的课程群。由第一阶段基于"超量供给　自主选择"的"课程超市1.0"，到第二阶段凸显"温故知新　学之有法"的"课程超市2.0"，实现了学生由"和谐课程"到"成长课程"的平稳过渡。按照市区精神，从4月13日开始，我们的课程将转型到第三个阶段"学科教学与专题学习相结合"的"课程超市3.0"，关注学生持久发展、积蓄能量的"发展课程"的整体构建。

此阶段，学生仍处于居家学习生活中，但学生的学习内容已经发生了改变，增加了学科教学内容。该阶段仍需引导学生科学、合理地安排学习，做好自我调整和时间管理。通过学习小组、班级讨论、教师答疑等形式，加强同伴互助，加强自主学习，加强知识巩固，督促学生按时、保质、保量完成学习任务，掌握必备的学科能力、学习方法，提升学科素养。

（三）把握课程结构，细化方案

自 4 月 13 日起，小学阶段市教委统一提供线上核心课程语文、数学、英语、道德与法治，在综合实践、学科实践、劳动教育、德育活动、体育锻炼、艺术素养培育方面，实现跨学科内容整合。

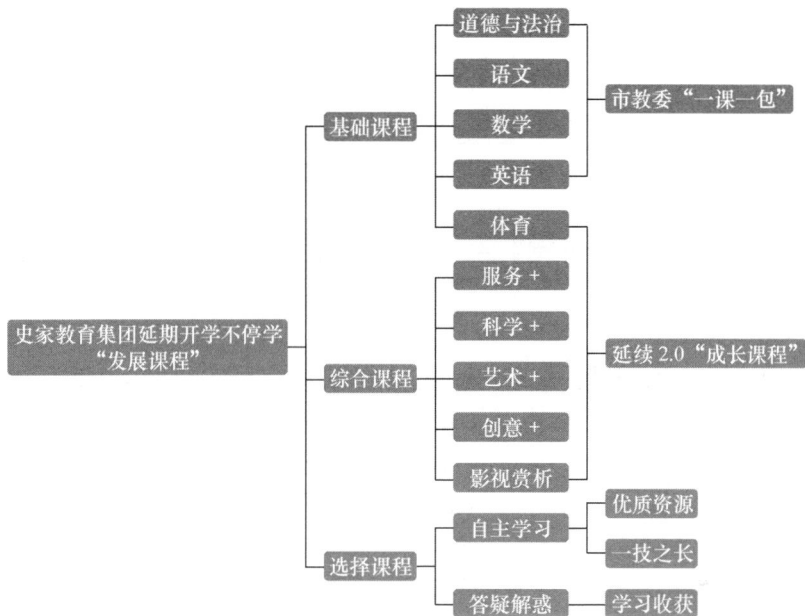

"发展课程"实施框架

史家教育集团"延期开学不停学"一、二年级课程安排（发展课程）

时间	周一	周二	周三	周四	周五
9:00~9:25	语文	道德与法治	语文	语文	
9:30~9:55	数学	语文	数学	英语	
10:00~10:30	体育	体育	体育	体育	体育
10:35~10:55	服务+	科学+	艺术+	创意+	影视
11:00~11:10	家校共育	家校共育	家校共育	家校共育	家校共育
11:10~11:20	国宝博览	国宝博览	国宝博览	国宝博览	国宝博览
11:20~14:30	休息				
14:30~15:30	自主学习				
15:30~16:00	体育	体育	体育	体育	体育
19:00~20:00	班级答疑解惑				

史家教育集团"延期开学不停学"三至六年级课程安排（发展课程）

时间	周一	周二	周三	周四	周五
9:00~9:25	语文	道德与法治	语文	语文	英语
9:30~9:55	数学	英语	数学	英语	数学
10:00~10:30	体育	体育	体育	体育	体育
10:35~10:55	服务+	科学+	艺术+	创意+	影视
11:00~11:10	家校共育	家校共育	家校共育	家校共育	家校共育
11:10~11:20	国宝博览	国宝博览	国宝博览	国宝博览	国宝博览
11:20~14:30	休息				
14:30~15:30	自主学习				
15:30~16:00	体育	体育	体育	体育	体育
19:00~20:00	班级答疑解惑				

根据市教委精神，史家教育集团在"成长课程2.0"的基础上进行了调整，形成了"课程超市3.0"阶段的"发展课程"。第三阶段的"发展课程"将由三部分组成，与集团的"两级三层"课程框架中的基础课程、综合课程、选择性课程基本契合。

基础课程——必学内容的核心课程语文、数学、英语、道德与法治。我们与市教委提供的线上课程同步，市级课程资源采取"一课一包"的形式，每一节课包含教案或教学设计、PPT、讲课资源包、作业辅导等完整的资源内容。我们将根据市教委最终提供的学习方式，为学生提供学习资源平台的使用方法，引导好学生的自主学习；学生可以在一天内完成当天的课程内容学习。虽然学习内容是必修的，要刚性地完成课程内容的学习，但可以柔性地选择学习时间。四个学科的教师都会被分配到各个班级群中，每天晚上与学生在线上见面，做好当天课程和作业的辅导，并针对学生当天的学习内容进行线上答疑工作。对于自主学习有困难的孩子，教师将会采取一对一学科指导。

综合课程——延续"成长课程2.0"中的专题式学习，通过"服务+""科学+""艺术+""创意+"四大课程群及体育课程、影视课程，以专题式、主题式的学习方式融合学科知识进行设计，将本学期的教学内容和教学目标整体规划，做好正式开学后学习的过渡与衔接。与此同时，学校在这部分课程中适时安排了体育挑战赛、云端艺术节和网络科技节活动指导，届时欢迎学生自主选择参与。

选择性课程——学生选择有自身优势、特长的自主学习，对和谐课程和成长课程两个阶段的学习内容进行巩固和提升。鼓励学生根据自己的特长和爱好，积极参与学校组织的线上活动，绽放精彩。

在为同学们提供丰富课程的同时，我们将加强教育教学管理，用高水平管理作为育人质量的保障，用精准服务实现教育教学任务的完成和质量的提高。史家教育集团的全体教师仍会一如既往地关注学生的成长，通过在线小组答疑、日常作业指导等形式为同学们新阶段的学习保驾护航，让他们顺利完成本学期的学习任务。

三、调整课程评价，关注发展

调整一：班级社区分享转为班级答疑

由于学生的学习内容发生了改变，在综合性课程的基础上增加了基础学科集体教学的学习内容。基于此，我们对学生的学习评价也作出了相应的调整。结合新课上线，班内学科教师定时开展线上答疑和学生作业的反馈与评价，同时了解学生的一日学习任务完成情况。学生每天学习完课程后，于19:00之前提交当天作业，教师会根据学生作业情况，在答疑时进行作业评价与指导。

调整二：自主学习与小组学习相结合

班主任和学科教师共同协商，将班级学生分成5个学习小组，每天固定在19:00~19:30进行小组讨论，由小组长负责组织小组同学开展学习互动。小组长的职责，一是了解小组内同学完成作业的情况，二是组织小组同学讨论当天学习中的困惑、思考并进行记录汇总。小组长由组内同学轮值，完成相应的组织工作。小组学习方式可以很好地培养学生的组织能力、合作学习能力、自我协调能力、语言表达和交流的能力。

19:30～20:00是当天学科教师答疑时间。5个小组长把小组学习讨论的结果进行汇报，教师进行答疑。同时，教师针对当天的课程或作业问题进行分析和讲解，也可对当天课程中的关键点、重难点进行补充。

四、不折不扣，确保教育教学质量

未来13周的学习，我们要注重整体设计和统筹管理，进行教学计划的整体设计和教学内容的整体规划，做好学生线上与线下学习的统筹管理、线上与线下教学的无缝衔接。线上学科教学与正式开学后的教育教学执行统一的课程教学计划，确保两个阶段有效衔接、平稳过渡。正式开学后的教学是此阶段的延续，而不是从头开始，因此要确保此阶段学科的教学质量。

（一）教师线上听课，全面了解教学内容

按照课表，老师要在第一时间观看本年级的授课内容，了解线上课程的教学内容。教师在听课中做好笔记，并梳理本节课的重点与难点，提前预判学生学习的困难点，这是做好学生答疑和辅导学生作业的前提，做好一课一记。

4月13日～5月9日各学科授课总列表如下（一、二年级相同，三至六年级相同）。

小学一年级课程表

时　间	9:00～9:25	9:30～9:55	10:00～10:25
4月13日（周一）			
4月14日（周二）			
4月15日（周三）	语文（统编）1	道德与法治（统编）1	
4月16日（周四）	语文（统编）2	英语（北京版）1	
4月17日（周五）			

续表

时　间	9:00～9:25	9:30～9:55	10:00～10:25
4月20日（周一）	语文（统编）3	数学（北京版）1	数学（人教版）1
4月21日（周二）	道德与法治（统编）2	语文（统编）4	
4月22日（周三）	语文（统编）5	数学（北京版）2	数学（人教版）2
4月23日（周四）	语文（统编）6	英语（北京版）2	
4月24日（周五）			
4月27日（周一）	语文（统编）7	数学（北京版）3	数学（人教版）3
4月28日（周二）	道德与法治（统编）3	语文（统编）8	
4月29日（周三）	语文（统编）9	数学（北京版）4	数学（人教版）4
4月30日（周四）	语文（统编）10	英语（北京版）3	
5月1日（周五）			
5月6日（周一）	语文（统编）11	数学（北京版）5	数学（人教版）5
5月7日（周二）	道德与法治（统编）4	语文（统编）12	
5月8日（周三）	语文（统编）13	数学（北京版）6	数学（人教版）6
5月9日（周四）	语文（统编）14	英语（北京版）4	
5月10日（周五）			

小学三年级课程表

时　间	9:00～9:25	9:30～9:55	10:00～10:25
4月13日（周一）			
4月14日（周二）			
4月15日（周三）	语文（统编）1	道德与法治（统编）1	
4月16日（周四）	语文（统编）2	英语（北京版）1	
4月17日（周五）	语文（统编）3	英语（北京版）2	
4月20日（周一）	语文（统编）4	数学（北京版）1	数学（人教版）1
4月21日（周二）	道德与法治（统编）2	英语（北京版）3	
4月22日（周三）	语文（统编）5	数学（北京版）2	数学（人教版）2
4月23日（周四）	语文（统编）6	英语（北京版）4	数学（人教版）3
4月24日（周五）	英语（北京版）5	数学（北京版）3	
4月27日（周一）	语文（统编）7	数学（北京版）4	数学（人教版）4
4月28日（周二）	道德与法治（统编）3	英语（北京版）6	

时　　间	9:00~9:25	9:30~9:55	10:00~10:25
4月29日（周三）	语文（统编）8	数学（北京版）5	数学（人教版）5
4月30日（周四）	语文（统编）9	英语（北京版）7	
5月1日（周五）			
5月6日（周一）	语文（统编）10	数学（北京版）6	数学（人教版）6
5月7日（周二）	道德与法治（统编）4	英语（北京版）8	
5月8日（周三）	语文（统编）11	数学（北京版）7	数学（人教版）7
5月9日（周四）	语文（统编）12	英语（北京版）9	
5月10日（周五）			

（二）加强组内教研，准确把握重点、难点

为了更加准确地把握教学内容，做好在班级群中答疑反馈的充分准备，集团各学科实行横向大年级组制，由大年级组组长带领本组教师进行听课后的集体教研，统一备课、统一口径、统一标准，不出科学性错误。当日课程结束后，集团大年级组长第一时间组织本组教师开展教研，根据教学内容组织组内教师共同研讨，再次对标本节课的重点和难点、目标达成；预判学生在本节课的学习过程中的收获点、困难点、困惑点、问题点等，形成书面材料。对于后续13周的整体教学内容，组长要组织本组教师认真学习北京市教委下发的学科指导意见，结合区级教研活动指导内容，认真钻研教材，明确制定每一单元学生应知应会的基础知识、基本能力，落实学生学习目标的达成和最终效果，形成一课一案、一册一案。

（三）认真审阅作业，全面了解学习效果

学生在学习完当天课程之后，随时将作业提交到班级群中，教师随时判阅，汇总问题。老师要及时给予学生可操作性的指导，对于作业中出现的问题，学生进行修改后二次提交。针对班级中父母在抗疫一线的学生群体，随班就读的学生和学习困难、问题比较大的学生（上学期期末考试成绩不及格的），要有一对一的辅导，要建立专门的学习指导记

录，即一生一案。

（四）精心准备答疑，做好线下查漏补缺

答疑环节一定要落到实处。学生有问题，教师答疑；学生提不出问题，教师针对当天学习内容的重难点进行强化分析，或结合学生作业中的问题进行分析和讲解，也可以对综合性题目或某个点进行补充。指导学生根据课程学习内容使用好教材，形成性练习和口算书可以根据当天的学习内容，自主选择练习。

（五）加强学生管理，做到当日事当日毕

指导学生科学安排学习任务，做好学习管理，培养学生的自律能力，提高学生完成学习任务的自觉性。组织学生按照课程要求，每天完成线上听课、线下作业的学习任务，教师要监控与管理学生，当日事当日毕。对学生的学习情况，要记录上交与完成情况，对学生作业及学习质量负责。学生要做到一课一练、一课一改。

归总就是教研组、教师、学生做到以下几个"一"。

教研组：一课一案，一册一案。

教师：一课一记，一生一案。

学生：一课一练，一课一改。

史家教育集团在疫情期间始终把学生的身心健康和全面发展作为工作的重点，在不同的阶段选择不同的课程内容，采取不同的推进方式，目的都是要达到相同的育人目标，让学生精彩绽放、如期成长。在这样一个特殊的历史时期，不同的学习方式、丰富的课程内容，促使教师深度思考教育意义、转变教学行为。每一次课程调整对教师都是一次新的挑战，正是在这一次次更迭中，老师们也收获着成长。

"道德与法治"课程实施方案

■ 郭志滨

一、指导思想

为做好 2020 年春季学期中小学课程教学工作，落实《北京市 2020 年春季学期中小学课程安排指导意见》《2020 年春季学期学科教学指导意见》《史家教育集团疫情期间第三阶段的发展课程设置方案》，"道德与法治"学科第三阶段的课程实施以北京数字学校的云课堂"道德与法治"课程的全面录制和播放为主要教学内容。在全面落实北京市网络授课的过程中，史家小学人文科技部的"道德与法治"学科教师承担课程录制，落实学生学业答疑与评价以及课程实施中教师的教学研讨等工作任务。

二、实施理念

2020 年春季学期课程教学工作由前一阶段学生自主学习、自主管理为主，转变为学校按照本学期课程教学计划进行线上学科教学为主、线下辅导为辅，线上与线下结合重构网络课程教学与指导。课程在推进过程中以网络课程的数据统计、线上与线下交互、教师主动辅导、学生自主学习为实施理念，将网络课程落在实处。

三、工作流程

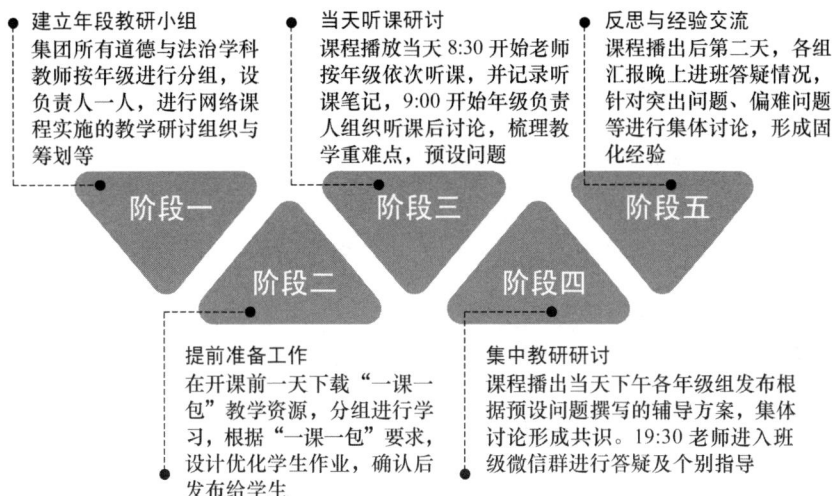

● 建立年段教研小组
集团所有道德与法治学科
教师按年级进行分组,设
负责人一人,进行网络课
程实施的教学研讨组织与
筹划等

● 当天听课研讨
课程播放当天 8:30 开始老师
按年级依次听课,并记录听
课笔记,9:00 开始年级负责
人组织听课后讨论,梳理教
学重难点,预设问题

● 反思与经验交流
课程播出后第二天,各组
汇报晚上进班答疑情况,
针对突出问题、偏难问题
等进行集体讨论,形成固
化经验

阶段一 阶段三 阶段五
阶段二 阶段四

提前准备工作
在开课前一天下载"一课一
包"教学资源,分组进行学
习,根据"一课一包"要求,
设计优化学生作业,确认后
发布给学生

集中教研研讨
课程播出当天下午各年级组发布根
据预设问题撰写的辅导方案,集体
讨论形成共识。19:30 老师进入班
级微信群进行答疑及个别指导

四、工作要求

（一）师生共学习

按北京市教委提供的课程资源,学科教师与学生同步参加线上学习,按要求完成作业、练习等内容。教师要根据授课内容、作业要求等撰写教学指导教案,为线下辅导做好准备。

（二）加强网络教研

通过网络教研形式,开展深入的教材、教学、辅导、反思、答疑等方面的教学研讨活动。每一位学科教师应该能够准确把握总体教学要求、重点、难点;提高对北京市教委提供的"一课一包"课程资源的使用率,借助资源学习北京市优秀教师的教学设计策略,提高自身的专业素养;加强对学生的研究,结合班级学生的学习情况,预设学生学习的问题,提高后期跟进指导的针对性。

（三）作业收集与批阅

以班级小管家为平台开展作业收集、批改、反馈，并按周统计学生作业完成情况。对"问题学生"、不交作业的学生，要有针对性地跟进指导。

（四）关注学段关联，提升自身专业素养

法治学科教师除收看自己年级的课程以外，还要观看初中二年级的《法治专册》教学视频，将其作为一种教师专业技能的培训工作予以实施。定期进行学习汇报，教师小组交流分享学习收获。

（五）分年级组建备课小组

按年级划分备课组，确保每位教师承担 4～6 个教学班的学习辅导工作，以期使每位学生都有一个对应的学科教师对其进行教学指导。

五、课程内容

（一）组织部分教师参与北京市法治课程录制工作

第三阶段法治课程将由北京市教委统一进行课程录制工作，学校第一、第二阶段的普法养德课程暂停。按照北京市教委的统一规划，史家教育集团派出王丹、吴丽梅、李乐、杜欣月四位教师参与北京市法治学科五年级的录课工作。该项工作由北京市基础教育教学研究中心统一管理与指导。史家教育集团郭志滨主任全面对接进行管理并参与备课等工作，以确保课程保质保量地顺利完成。

（二）全体法治教师参与学生的学习与指导工作

根据第三阶段课程实施与答疑工作的要求，考虑到法治学科教师人数限制，将所有法治学科教师进行统筹调配，安排进入各个班级进行答疑与学生学业的辅导工作。为能够顺利进行此项工作，要求所有法治学科教师根据北京市课程播放的安排，必须按时听课，并要记录听课笔记。在听课后，教师要初步研究课程内容，对学生可能存在的疑惑或有

问题的地方进行预判，并记录在备课本中；晚上根据所分配的班级，准时到岗进行答疑工作。答疑工作要有记录，课后有整理归纳、有教学反思。同时，注意收集学生优秀作品。

每周进班时间：周二19:30～20:00。

人员分工安排方面，史家一至二年级校区，由执行校长统一安排，史家七条由李阳主任安排，实验校区由王燕红主任安排。

史家三至六年级人员分工安排如下。

年级	1～4班	5～8班	9～12班	13～16班	17班 单/双周	18班 单/双周
三年级	冯思瑜	李丽霞	李 雪	李 璐	李 雪/冯思瑜	李丽霞/李 璐
四年级	李 乐	郭文雅	乔龙佳	龚 丽	乔龙佳/李 乐	龚 丽/郭文雅
五年级	梁 晨	闫 旭	杜欣月	王 丹	王 丹/梁 晨	杜欣月/闫 旭
六年级	金少良	吴丽梅	刘 静	郭志滨	金少良/刘 静	郭志滨/吴丽梅

每个年级设一名负责人，每周二课程结束后，教师自己先进行工作的整理，周三上午各年级负责人组织开展集中讨论，对发现的问题、档案资料的整理、听课笔记和课前诊断的教师方案进行检查等。

"语文" 课程实施方案

■ 高李英

一、指导思想

按照北京市教委下发的文件要求，落实《北京市 2020 年春季学期中小学课程安排指导意见》《2020 年春季学期学科教学指导意见》精神，自 4 月 13 日起，教育教学工作将进行相应调整，在巩固已有工作的基础上，进入疫情防控和课程教学相结合的新阶段，统筹设计、优化安排，有序实施课程教学计划，保证整体教育教学质量。

二、实施目标

线上学科教学严格按照两个指导意见推进，组织学生此阶段的学习，保证学生的学习实效。

三、具体实施

（一）明确此阶段定位

此阶段，学生仍处于居家学习生活中，但学习内容已经发生了改变，增加了学科教学内容。教师要关注学生科学、合理安排学习，帮助学生按时、保质、保量完成学习任务。学生学习必修课程由柔性学习变为刚性学习。

此阶段是承上启下的关键阶段：承上是承接前两阶段形成的成果，学生经过8周居家自主学习，初步适应了在家制订计划、网上学习、自主作业、分享成果的流程，所以是巩固；启下是从第9周开始到7月10日学期结束的13周要完成所有的教学内容，包括按教委要求到校上课阶段和复习考试阶段。

（二）课程内容

我们为学生提供学习资源平台，与市区线上课程同步。市级课程资源采取"一课一包"的形式，每一节课包含教案或教学设计、PPT、讲课资源包、作业辅导等完整的资源内容。教师引导学生的自主学习，时间自主、内容必修，并做好作业辅导和线下答疑工作。

学生上课形式：上课的时间三至六年级周一、周三、周四，一、二年级周一、周二、周三、周四，上学习资源平台，同步观看学习课程，时间自主、内容必修。当日完成线上听课和作业，做到当日事当日毕。

（三）课程评价

1. 社区分享转为班级答疑：19:30～20:00进行线上答疑和学生作业的反馈与评价。

2. 自主学习与小组学习相结合：班主任和学科教师协商，把班级学生分成5个学习小组，学生随时上传当天作业，19:00前上传完毕（个别情况个性化处理）。每天19:00～19:30，由小组长负责（可轮值与自愿相结合）进行组内讨论，可以讨论当天学习的课程的重点与难点、学科作业、学习中的困惑、对于学习的思考，形成小组汇报内容。19:30～20:00，学科教师答疑，如果学生提不出问题，教师对当天的课程或作业问题进行讲解，也可针对某一点内容进行补充。

四、教师职责

（一）管理学生的学习

学生按照课程要求，每天完成线上听课、线下作业的学习任务。教师要监控与管理学生，当日事当日毕。对学生的学习情况，教师要用记分册记录上交与完成情况，对学生作业及学习质量负责。学生一课一练、一课一改。

（二）开展教学研究

1. 按时上线听课并梳理课程重点与难点。每位教师按照所教年级同步网上听课，了解线上教学内容，提前预判学生学习困难点，进行听课记录并梳理当堂课程的重点与难点，并于课程结束后上传到年级组群。教师一课一记。

2. 史家校区年级组长为教研组长，把三个校区的教师以 2～3 人为一组组成轮值小组，每周 3 次语文课，4 周共 12 次。教研组长主持当天年级群内课程重点与难点的讨论、梳理、汇总，写出指导意见并发到群里，作为 19:00～19:30 班级群的学习指导意见。这样全集团统一备课、统一标准、统一口径，共同推进，避免各校区老师间因指导不同所带来的舆情压力。

3. 各年级组组长负责教研。要认真学习北京市教委下发的学科指导意见，结合区级教研活动指导内容，认真钻研教材，明确制定每一单元学生应知应会的基础知识、基本能力，落实学生上传作业的批改，找到学生作业中的优势与不足，及时给予学生能操作的指导，做到一课一案。第 9 周不让学生上传作业，教师根据听课进行作业解答，无论是刚性的笔头作业，还是灵活的拓展作业，都要形成一份标准答案，让学生自己对照答案进行修改。从第 10 周 4 月 20 日周一开始学生上交作业。

4. 关注特殊群体学生的学习情况。父母在抗疫一线的学生群体、上学期成绩不合格或边缘的学生群体，要建立专门的学习指导记录（集团统一记录单），以检查每天作业是否按时上交，不会的知识要单独补习，不能落队。

五、规范教学行为

1. 学生每天线上学习时间不超过 4 小时，每节课 25 分钟。

2. 不要求统一集中观看课程。学生可自主安排当日应观看的线上课程，但是要完成当天必修课程的学习任务，提交作业进行学习反馈。

3. 不得安排重复性、叠加性学习。凡是选用市级资源的学科，要按照统一课表、统一进度、统一教师、统一作业组织实施，不再给学生叠加学习内容。

4. 严格控制作业量。小学一、二年级不布置作业，其他年级按照精减、分层原则，适量布置基础性、探究性、开放性作业。

5. 不能让家长批改作业或帮助完成作业。

"数学"课程实施方案

■ 韩巧玲

按照做好2020年春季学期中小学课程教学工作的要求，认真落实《北京市2020年春季学期中小学课程安排指导意见》《2020年春季学期学科教学指导意见》，落实集团第三阶段"发展课程"的整体构建，细化数学学科在此阶段的教学任务、明确教学目标、做好学生学习的管理与指导，确保教学质量不滑坡，特制定史家教育集团数学部课程实施方案。

一、指导思想

准确理解"整体"的含义。市教委指出，2020年春季学期教育教学工作是一个整体，延期开学阶段、线上学科教学和中小学正式开学后共同组成本学期。此次市教委下发和制定的课程实施计划延续到学生正式开学，乃至期末放假。由此，自4月13日起，教育教学工作将进行相应调整，在巩固已有工作的基础上，由以疫情防控为主、学生居家自主学习阶段，调整为进入疫情防控和课程教学相结合的新阶段，统筹教育教学工作，即统筹学生居家学习时间与在校学习时间，统筹线上与线下教学方式，统筹学生自主学习与集体教学，分阶段、有计划地推进和落实本学期课程教学工作。

因此，4月13日开始的线上学科教学一定要严格按照两个指导意见推进，组织好学生此阶段的学习，保证学生的学习实效。开学后，线上课程学习的内容不再"回炉"，而是线上课程的延续。

疫情期间数学线上课程课时安排

教材版本	年级	文件学时	调整学时
人教版	一年级	前四周8+后8周×每周6学时=56	54
	二年级	前四周8+后8周×每周6学时=56	56
	三年级	前四周10+后8周×每周6学时=58	56
	四年级	前四周10+后8周×每周6学时=58	56
	五年级	前四周10+后8周×每周6学时=58	58
	六年级	前四周10+后8周×每周6学时=58	58

北京市义务教育课程设置表

科目		一	二	三	四	五	六	七	八	九	九年学时总计
品德与生活		1~2	1~2								591~694（其中70学时用于学科实践活动）
品德与社会				2	2	2	2				
思想品德								2	3	2~3	
历史与社会	历史					4	3	2 / 2	1~2 / 2	1 / 2	138~173 ; 311 ; 140	311 或 278~313（其中35学时用于学科实践活动）
	地理										
科学				2	2	2	2				280
科学	物理					4	5	3 / 2	3 / 2	3 0~1 / 3	169 ; 99 ; 445 ; 140~173	725 或 688~721（其中33学时用于学科实践活动）
	化学										
	生物										
语文		6~8	6~8	6	6	6	6	5	5	5~6	1775~1948（其中140学时用于学科实践活动）
数学		3~4	3~4	4	6	4	4~5	5	5	5	1285~1390（其中105学时用于学科实践活动）
外语		2	2	2~3	3	3	2~3	4	4	4	902~972（其中70学时用于学科实践活动）
体育		4	4	3	3	3	3				1009
体育与健康								3	3	3	

续表

科目 \ 年级		一	二	三	四	五	六	七	八	九	九年学时总计
艺术	音乐	2	2	2	2	2	1	1	1	1	488
	美术	2	2	2	2	2	1	1	1	1	488
	（合计）	4	4	4	4	4	2	2	2	2	976
综合实践活动	学科实践活动	3	3	3	3	3	3	3	3		630～1083（备注2）
	研究性学习、社区服务、社会实践、劳动技术、信息技术									（备注1）	
地方与校本课程	市级地方课程（含专题教育综合等）	1	1	1	1	1	1	1	1	1	280
	区域地方、校本课程	1	1	1	1	1	1	1	1	1	313
	周自主安排学时	用于班队会等									202～412
周学时总量		26	26	30	30	30	30	34	34	34	9522

2020 年春季学期北京市义务教育课程设置表

科目 \ 年级		一	二	三	四	五	六	七	八
道德与法治		1	1	3	3	3	3	3	3
历史与社会	历史							6　3	4　2
	地理							3	2
科学		1	1	2	2	2	2		
科学	物理								3
	化学							3	5
	生物学							3	2
语文		9	9	9	9	9	9	7	7
数学		6	6	6	6	6	6	7	7
外语		3	3	4	4	4	4	5	5

续表

周学时\科目	一	二	三	四	五	六	七	八
体育与健康	2	2	2	2	2	2	1	1
艺术　音乐	4　2	4　2	4　2	4　2	4　2	2　1	2　1	2　1
艺术　美术	2	2	2	2	2	1	1	1
综合实践活动	学科实践活动：建议按《北京市义务教育课程设置表》中各学科、各年级学时总数在校内通过学科整合课实施，或在校外弹性学习时间灵活组织或集中安排							
综合实践活动	信息技术、劳动技术、研究性学习、社区服务、社会实践：建议按《北京市义务教育课程设置表》中相应年级、学期的学时总数，其中信息技术可通过校内学科整合课以及校外弹性学习时间相结合实施，其他内容在校外弹性学习时间组织或集中安排							
地方与校本课程	市级课程（含专题教育综合等）、区域地方课程、校本课程，学校自主安排时间：建议按《北京市义务教育课程设置表》中相应年级、学期的学时总数，在校外弹性学习时间组织或集中安排							
周学时总量	26			30			34	

从前两张授课表可以看出，由于疫情影响，数学课在本学期的课时大量减少。在课时减少的前提下，还要完成既定教学内容，达成课标所规定的教学目标，这就需要我们整合学科内容，以大概念、大单元、任务群为基本形式，对教科书各单元或章节进行整合、重组和精简，突出基础、主干和核心课程内容，确保实现学科育人目标。

二、课程目标

此阶段，学生仍处于居家学习生活中，但学生的学习内容已经发生了改变，增加了学科教学内容。教师要组织和引领好学生当天"空中课堂"的学习，还要通过学习小组、班级讨论、教师答疑等形式，加强同伴互助，加强自主学习，加强知识巩固，督促学生按时、保质、保量完成学习任务，掌握必备的学科能力、学习方法，提升学科素养。

三、课程内容

从 4 月 13 日起，市教委统一提供小学阶段线上核心课程，数学课是其中之一。我们与市区线上课程同步，北京市"空中课堂"的授课内容是市区教研员和骨干教师经过多轮备课、研磨打造出来的精品课程，既是学生学习的优质资源，也是教师学习的优质资源。因此学校充分利用这一平台，组织好学生的居家学习，学校不再自主录制课程内容。市级课程资源采取"一课一包"的形式，每一节课的资源包中包含教学设计、PPT、讲课资源包、作业辅导等。我们根据市教委最终提供的学习方式，为学生提供学习资源平台，引导好学生的自主学习。学生的自主是指时间自主，学生可以在一天内的任何时段完成当天的必修课程内容。学科教师的主要任务就是做好作业辅导和线上答疑工作，还要组织学生当日事当日毕，并做好学生的作业判阅和学习评价工作。

四、明确教师职责，扎实推进

本阶段，学生在居家学习期间开始学习新知识，其学习过程、学习效果成为重中之重。教师既要关注学生的居家生活、身心健康，也要关注学生的学习状态和学习获得。数学学科打破校区界限，由 6 位学科主任分别统率 6 个年级，进行大年级组制的统筹管理；注重教学计划的"整体设计"、学习管理的"全局规划"、教学任务的"集体备课"，做好学生线上学习与线下学习的全方位管理，以及线上教学与线下教学的无缝衔接。教学计划与正式开学后的教育教学执行统一的课程实施方案，确保两个阶段有效衔接、平稳过渡。正式开学后的教学是此阶段的延续，而不是从头开始，因此要确保此阶段学科的教学质量。

一年级负责人：任江晶主任；配合工作的年级组长：杨昕明

二年级负责人：周霞主任；配合工作的年级组长：李焕玲

三年级负责人：李冉主任；配合工作的年级组长：王园园

四年级负责人：高雪艳主任；配合工作的年级组长：王丹

五年级负责人：景立新主任；配合工作的年级组长：王磊

六年级负责人：李文主任；配合工作的年级组长：曹芸

（一）提前备课，教学内容做到心中有数

组长带领本组教师，提前观看"空中课堂"的教学视频，了解授课内容，根据本班学生的学习特点和接受能力，结合"空中课堂"提供的学习资源包，做好课前学习的准备工作；通过班级小管家平台给学生布置好预习作业，以便当天学习时能够顺利完成学习任务。

4月13日至5月9日，数学学科授课总节数根据市教委下发的课表统计。一、二年级共6节数学课；三至六年级共7节数学课。

（二）加强研讨，重点难点做到有效突破

为了更加准确地把握教学的重点和难点，为学生的学习做好预判，同时为在班级中答疑反馈做好充分准备，组长带领本组教师要进行听课后的集体教研，结合每节课的授课内容，再次聚焦本节课的重点和难点，分析学生通过本节课的学习应该达到的最终效果，研讨学生学习的困难点，作出相应的预判，并设计符合学生实际的解决策略，形成一课一案。对于本学期所涉及的教学内容，组长要组织本组教师认真学习北京市下发的学科指导意见，结合区级教研活动指导内容，认真钻研教材。现在课程方案中安排了4周的授课内容。如果4周后开学，根据后续课时数和未讲内容进行统筹规划。几位主任要组织各校区年级组长就本学期教材中主干知识和课标要求进行市、区学科教学指导意见萃取提炼，达成共识，形成精炼版提纲目录和课程实施方案。基于以上共识和提纲目录，对教材进行结构化处理，有取有舍，同时对所有内容进行供给（教学）方式赋级，即哪些是课上必讲内容，哪些次之，哪些可以留在课后。明确制定每一单元学生应知应会的基础知识、基本能力，落实学生学习目标的达成和最终效果，即一册一案。

（三）课后辅导，学习效果做到全面落实

学生的课后辅导包括两个环节：一是学生根据"空中课堂"布置的课后作业，要完成学习效果的检测与评估；二是每天晚上"班级社区"中学生进行当天学习的交流反馈。教师要引导学生按时完成当天的学习作业，以便检测自己的学习效果。教师要及时进行判阅，发现问题进行合理分析、准确归因，通过小管家平台一对一进行个性化辅导。19:00～19:30，准时在班级群中答疑解惑，对学生学习中出现的共性问题进行分析讲解，让学生的学习效果落在实处。

以上各环节要在大年级组长的带领下，扎扎实实推进和落实。学生虽然是居家学习，虽然是线上听课，虽然教师与学生的沟通是隔空进行，但是学生的学习过程、学习质量和学习效果应该达到最佳效果。这也是为疫情过后学生进入常态的线下学习做好铺垫，将疫情带来的学习损失降到最低点。

归总就是教研组、教师、学生做到以下几个"一"。

教研组：一课一案，一册一案。

教师：一课一记，一生一案。

学生：一课一练，一课一改。

五、课程管理

第一，学生每天线上学习时间不超过半天，在自主选择学习时间的前提下，必须保障每天完成学习任务，每节课不超过25分钟。

第二，学生可自主安排当日应观看的线上课程顺序，但是要完成当天必修课程的学习任务，在规定的时间内进行学习反馈。

第三，教师不得安排重复性、叠加性学习。凡是选用市级资源的学科，要按照统一课表、统一进度、统一作业组织实施，不再给学生叠加学习内容。

第四，严格控制作业量。小学一、二年级不布置作业，其他年级按

照精减、分层原则，适量布置基础性、探究性、开放性作业。不能让家长批改作业或帮助完成作业。

史家教育集团的全体数学教师，将以高度的责任心，与学生共同开展线上和线下的学习研讨，潜心研究学生的学习效果，做好精准的课后服务，与学生构成真正意义上的深度学习共同体。

"英语"课程实施方案

■ 崔 旸

一、指导思想

为做好 2020 年春季学期中小学课程教学工作，落实《北京市中小学 2020 年春季学期课程安排指导意见》《2020 年春季学期学科教学指导意见》以及《史家教育集团疫情期间第三阶段的发展课程设置方案》，英语学科第三阶段的课程实施以北京数字学校的云课堂英语课程的录制和播放为主要教学内容。在全面落实北京市网络课程教学的过程中，史家教育集团英语部教师继续以饱满的工作热情，全面参与到落实学生课后指导及评价实施等工作当中。

二、实施理念

学生居家学习经历了两个阶段，对线上学习这一新方式已经基本适应，具备了一定的自主管理能力。此阶段开启北京数字学校"空中课堂"的学习，恰逢其时。但线上学习新知仍有一定不足。因此，教师答疑环节就显得比前两阶段更加重要。本阶段，教师应更加侧重对学生的指导和帮助。

三、工作流程

集团英语部在疫情前就已形成了大年级组教研的机制。按照"空中课堂"的课程安排,各年级均有组长协调,在直播课程的前一天完成听课、备课工作;聚焦学习重难点,分析学生可能存在的问题,并在每天直播课结束、批改作业后,进行年级复盘,形成固化经验。

四、工作要求

(一) 注重团队协作

集团教研组长统筹协调,将教学工作落实、落细,与指导思想实时对标、对表,保证落实每个点位。

(二) 加强网络教研

将前两期课程形成的教研机制坚持推进,将线上教研常态化,并将此方式作为日后工作的必备途径,提高教研时效性。

(三) 提高工作效率

集团年级大组长带领本组教师在开展教学研讨的过程中要严格按照集团 3.0 课程实施方案中提到的教研组、教师、学生要分别完成教育教学任务的几个"一"。

教研组:一课一案,一册一案。

教师:一课一记,一生一案。

学生:一课一练,一课一改。

(四) 关注学生成长

充分考虑学生线上学习有可能出现的问题,超前指挥、关注过程、科学反馈,从学生成长角度重新审视学生学习的新样态。

五、课程管理

1. 学生每天学习时间不超过 4 小时,在自主选择学习时间的前提下,每天要保障完成学习任务,每节课时长不超过 25 分钟。

2. 个性化安排学习时间，学生按照每日起居，合理规划，按要求完成每日学习内容并进行学习反馈。

3. 除"空中课堂"规定的学习内容外，不再额外布置任何学习内容，全集团"一盘棋"执行，关注学生健康。

4. 对学生反馈的学习成果及时批阅、认真反馈，并借助媒体技术，多维度、全方位地进行指导，保证学习效果。

"服务＋"课程实施方案[①]

██ 李　娟　张均帅

一、设计背景

史家教育集团德育部"家校共育"课程进入"延期开学不停学"第三阶段。此阶段一方面继续进行每日家长课程的主题教育推送，另一方面学生课程部分我们在做好常规的教育外，结合即将到来的"六一"国际儿童节，以一年级学生加入少年先锋队为契机，加强少先队组织教育，做好少年儿童的政治启蒙和思想引领。史家教育集团少先队在集团"培养具有家国情怀的和谐发展的人"这一目标引领下，组织辅导员们认真学习少先队章程和上级少先队改革相关要求，并以此为依据，聚焦整合史家教育集团各校区少先队教育特色，在特殊时期开设了"服务·少先队"《我们在队旗下成长》线上系列课程。

二、指导思想

贯彻落实党中央对当代少年儿童和少先队工作的希望和要求，贯彻落实党的群团工作会议精神、第七次全国少代会精神，加强未成年人思想道德建设和全面实施素质教育，教育引导史家教育集团少年儿童为实

① 此文为北京市教育科学"十三五"规划 2018 年度校本研究专项课题《小学德育中构建服务学习课程体系的研究》成果（CBIA18107）。

现中华民族伟大复兴的中国梦时刻准备着，更好地为少年儿童健康成长服务。

三、实施内容

结合学生居家学习的实际情况，秉承"开学延期，但少先队员接受少先队组织的教育和自主开展队活动不能延期"的思想，集团6名大队辅导员聚焦各校区、各年级少先队特色，整体推送了8节线上少先队活动课。包括一至六年级通识课2节，即《光荣的队史我知晓》《震撼的礼仪我践行》，以加强所有少先队员了解少先队历史、规范践行少先队礼仪。各年级专属课6节，即《入队之前我准备》《中队建设我参与》《组织文化我建设》《代表大会共献策》《公益活动来接力》《自主社团话担当》。让每一个年龄段的少先队员通过了解和参与少先队活动聚焦奋斗目标，完成成长进阶。8节少先队活动课构成了本阶段立体、完整的少先队课程内容。此课程力求做到以下4点。

（一）培养史家少年儿童的组织意识

教育引导少先队员遵守少先队的章程，牢记共产党是少先队的创立者和领导者，认识共产党的伟大、光荣和正确，理解少先队的性质、目的等基本知识；懂得少先队的历史，珍惜少先队员称号，履行队员权利和义务，遵守纪律，服从少先队决议，积极参加少先队活动，努力完成少先队组织交给的任务，热心为大家服务；学会合作，培养集体主义精神，增强光荣感和组织归属感，培养党、团、队相衔接的组织意识。

（二）强化史家少年儿童的道德养成

教育引导少年儿童从小学习如何做人，养成"严"和"实"的品德，做一个有品德、有知识、有责任的人，坚持品德为先。学会做人的准则，学习和传承中华民族传统美德，学习和弘扬社会主义新风尚，热爱生活，懂得感恩，与人为善，明礼诚信，争当学习和实践社会主义核心价值观的小模范；记住要求，心有榜样，从小做起，接受帮助；培养法治意识，养成守法习惯；爱护生态环境。

（三）引领史家少年儿童的政治启蒙

教育引导少年儿童从小学习立志，认识和理解党的两个百年奋斗目标和中华民族伟大复兴的中国梦；把自己的志向同祖国和人民联系在一起；爱祖国、爱人民、爱劳动、爱科学、爱社会主义，时刻把祖国和人民放在心中，从小听党的话、跟着党走，努力做祖国和人民需要的好孩子，做祖国和人民事业发展的接班人；牢记正义必胜、和平必胜、人民必胜；增强国防意识和国家安全观念；自觉维护中华民族大团结。

（四）提升史家少年儿童的成长取向

教育引导少年儿童从小学习创造。学习用新理念、新知识、新本领去适应和创造新生活，争当勤奋学习、自觉劳动、勇于创造的小标兵，敢于有梦、勇于追梦、勤于圆梦。培养科学精神，激发科学梦、创造梦、报国梦；培养媒介素养，从小争当中国好网民；积极参加体育锻炼，培养良好的心理素质和意志品质；培养阅读习惯、审美意识和情趣，阳光生活，快乐成长，全面发展。

《我们在队旗下成长》课程

少先队课	授课教师	主要内容	推送年级	负责人
《光荣的队史我知晓》	赵慧霞	面向集团一至六年级少先队员讲述少年先锋队的发展历史，从小学习榜样、树立少先队组织意识，继承和发扬少年先锋队的优良品德，努力做好社会主义建设者和接班人	一至六年级	张均帅
《震撼的礼仪我践行》	张均帅	面向集团一至六年级少先队员讲述少先队标志、队礼和仪式等内容，让少先队员了解少先队组织的规范性、严谨性。同时通过这节课，让每一个少先队员不仅有组织归属感，还有无限的荣誉感，激发少先队员在学习生活中努力践行	一至六年级	张均帅

少先队课	授课教师	主要内容	推送年级	负责人
《入队之前我准备》	赵慧霞	面向集团一年级学生，以政治启蒙、价值观塑造、组织意识培育为重点，根据学生身心发展规律有计划地进行队前教育，达到"六知""六会""一做"基本标准。切实增强预备队员的光荣感和组织归属感	一年级	张均帅
《中队建设我参与》	王晔	面向集团二年级少先队员，以红领巾为主线，讲述中队会知识、中队委员干部职责及作为一名少先队员应对中队做出哪些贡献等。在入队一年后通过中队组织建设，让少先队员增强荣誉感，并了解自己应积极为中队服务来彰显少先队员的责任担当	二年级	张均帅
《组织文化我建设》	崔韧楠	面向集团三年级少先队员。此节队课以少先队基层组织建设为基础，以建立中队角、记录中队日志、绘制少先队队报以及运用新媒体宣传少先队文化为主要内容，引导队员人人参与、记录成长、自主建设组织文化，形成少先队组织文化特色	三年级	张均帅
《代表大会共献策》	张均帅	面向集团四年级少先队员，讲述少代会的性质、做法、流程、决议、工作报告、提案征询等内容，重点回顾史家小学召开的历次重要少代会和提案决议。通过学习，让队员们了解少代会是实施民主集中制领导和管理的具体体现，是让少先队员实施民主权利、当家做主的保证，是队员学习民主、发扬民主、培养民主能力和主人翁思想的重要形式	四年级	张均帅
《公益活动来接力》	杨京	面向集团五年级少先队员，通过讲述史家三个公益社团的成立，向队员们介绍公益社团性质、分工、职责等	五年级	张均帅

少先队课	授课教师	主要内容	推送年级	负责人
		内容。通过本课学习，也让队员们了解公益服务项目的策划流程和准备事宜，为今后的社会公益志愿服务做好铺垫，培养队员的自觉服务意识		
《自主社团话担当》	冯思瑜	面向集团六年级少先队员，讲述红领巾电视台、男女国旗班等少先队自主社团，引导少先队员以主人翁精神积极参与社团、探索社团发展、做好社团服务、学会责任担当。让少先队员们学会如何开展社团活动，在自主社团活动中增长知识、增强责任、培养能力、塑造优秀品格，实现自主管理与自我发展	六年级	张均帅

四、实施流程

《我们在队旗下成长》课程将以集团少先队大队为单位，打通集团各校区少先队组织，形成集团少先队研讨氛围。在共同研讨课程内容的基础上撰写录课方案、研究教学策略、录制线上课程、组织网络观看、提倡线下实践，并尝试通过网络队会或开学后进行不同形式的少先队活动课展示汇报学习成果。

五、课程亮点

1. 抓住战"疫"的教育契机，搭建史家教育集团特色少先队课程体系，整体推进落实集团各校区少先队组织建设和教育工作。

2. 抓住重要契机和时间节点，开展富有时代感的网络少先队活动课和集体活动，注重榜样引导，注重相互帮助，注重分层教育，丰富少先队组织生活。

3. 通过课程更好地落实集团少先队的自主教育，发挥少先队小干部的带头作用和队集体的作用，注重自我教育、同伴教育。在人人做主人、人人都探究、人人都创造中培养自主意识和自主能力。

4. 通过课程更好地开展集团少先队的实践活动，以体验教育为基本途径，帮助少年儿童接触社会生活和大自然，注重情感体验，丰富成长经历，实现少先队教育和家校社会的相互融合与促进。

"科学＋"课程实施方案

■ 郭志滨

一、指导思想

全面贯彻党的教育方针，落实国家课程方案和课程标准及北京市《关于做好 2020 年春季学期中小学课程教学工作的通知》《2020 年春季学期学科教学指导意见》的要求，切实把师生生命健康放在首位，坚持立德树人、"五育并举"的教育原则，做好线上教学与线下教学优势互补、科学衔接，有序实施课程教学计划。

依据《北京市中小学 2020 年春季学期课程安排指导意见》要求，4 月 13 日至 7 月 12 日，2020 年春季学期课程教学工作调整学生居家学习的内容与方式，由前一阶段学生自主学习、自主管理为主，转变为学校按照本学期课程教学计划进行线上学科教学为主，集中时间完成学科课程教学任务。为指导广大教师科学优化调整 2020 年春季学期教育教学，统筹处理好疫情防控和教育教学关系，落实中小学课程方案和课程标准要求，应以大概念、大单元、任务群为基本形式，进行课程整体设计与优化。

二、实施理念

为做好 2020 年春季学期中小学课程教学工作，落实两个"指导意见"以及《史家教育集团疫情期间第三阶段的发展课程设置方案》，人文科技部全面推进课程的实施。在第三阶段，人文科技部遵循北京市整体课程推进建议，结合学校学生社团以及特色校本课程，将科学知识、科学实验、科技活动等全面融合，设计研发了第三阶段的特色网络课程即"科学＋"课程。同时，拟定以"网络科技节"的形式扩大学习范围，丰富学习内容。在史家教育集团"网络科技节"的平台上，征集学生在前两个阶段的学习作品，使其成为一个有意义的学习评价措施。

三、工作流程

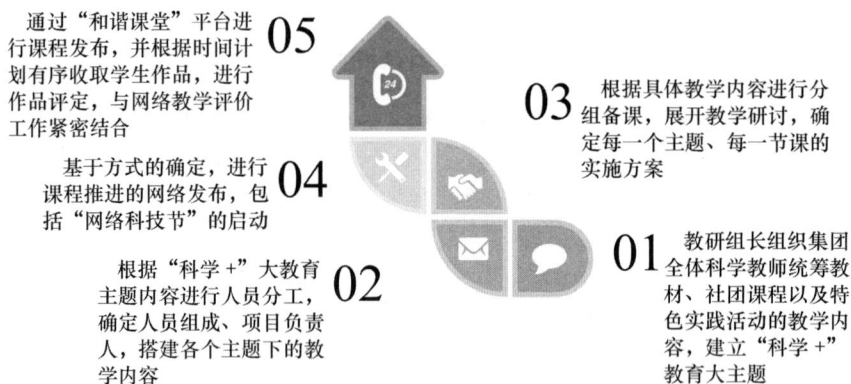

通过"和谐课堂"平台进行课程发布，并根据时间计划有序收取学生作品，进行作品评定，与网络教学评价工作紧密结合 **05**

03 根据具体教学内容进行分组备课，展开教学研讨，确定每一个主题、每一节课的实施方案

基于方式的确定，进行课程推进的网络发布，包括"网络科技节"的启动 **04**

根据"科学＋"大教育主题内容进行人员分工，确定人员组成、项目负责人，搭建各个主题下的教学内容 **02**

01 教研组长组织集团全体科学教师统筹教材、社团课程以及特色实践活动的教学内容，建立"科学＋"教育大主题

四、工作要求

（一）以学科课程标准为依据

以大概念、大单元、任务群为基本形式，突出基础、主干和核心课程内容，对教科书各单元进行整合、重组和精简，确保实现学科育人目标。

（二）探索混合式教学模式

在教学中有意识地创新教与学的方式，尝试将教材内容与金鹏科技特色项目整合开展大主题教学活动设计，多视角、多学科联动教学，借鉴网络教学中混合式学习的优势进行教学实施。

（三）优化学科教学内容

根据前两个阶段课程实施情况，对学生提交的各项作业进行分析，做好摸底诊断学生居家学习情况的准备工作，进而精确分析学情，合理把握教学进度，做到教学内容适量、教学时长适当，提高作业设计质量，防止学生学业负担过重。

五、落实方案

（一）承前启后的关联原则

"延期开学不停学"的工作已经进入第三阶段，我们的课程依然要体现延续性。根据学校整体的工作部署，第三阶段科学学科课程更名为"科学＋"，是学校"两级三层"课程体系中的综合性课程板块。因此，课程内容设计要凸显单元整合、学科整合、学段整合，以期培养学生的综合能力。

在第三阶段课程实施过程中，加强集体备课。所有教师均参与其中，共谋共为，充分发挥集体的智慧与力量，设计有益于学生身心健康的课程。

（二）课程与科技活动结合

根据学校"两级三层"的整体课程框架设计，"科学＋"课程的实施同样要关注学生的学业评价。"科学＋"课程与学校金鹏团建设紧密结合，将课程评价与金鹏科技节活动有机结合。课程的整体设计要从两方面考量：一方面，如何渗透国家课程的相关内容，以确保复课后能够在有限的时间内保质保量地完成教学任务；另一方面，如何将科技节活动与课程有机融合，以培养学生的自主性、探究性、创新性，同时为社团建设做好铺垫。

课程设计初步拟定以两个社团为核心引领，从天文、地球与环境的角度展开，并辅以学生的动手实验、科技制作、科普绘画等多种形式进行渗透。无论是哪种表现形式，其背后都应该有与国家课程相吻合的科学知识与科学技能。

（三）课程内容与人员安排

	一年级	二年级	三年级	四年级	五年级	六年级
第一周	科技节开幕	科技节开幕	科技节开幕	科技节开幕	科技节开幕	科技节开幕
授课教师	王　红	王　红	王　红	王　红	王　红	王　红
第二周	科技+	科技+	科技+	科技+	科技+	科技+
课题	动物和我们	磁极的相互作用	水的蒸发	燃烧与灭火	杠杆	飞机
授课教师	马展雪	臧雨薇	李鑫坤	夏卫滨	张文芳	郝　磊
第三周	天文	天文	天文	天文	天文	天文
课题	认识星座	认识星座	月相	月相	天文望远镜	天文望远镜
授课教师	郝　瑞	郝　瑞	黄呈澄	黄呈澄	苏　芳	苏　芳
第四周	地球与环境	地球与环境	地球与环境	地球与环境	地球与环境	地球与环境
课题	常见的粮食	常见的粮食	守护蓝色海洋	守护蓝色海洋	身边的能源	身边的能源
授课教师	杨华蕊	杨华蕊	张怡秋	张怡秋	薛晓彤	薛晓彤

"艺术+"课程实施方案

▌谷 莉

一、指导思想

落实 2020 年春季学期《学科教学指导意见》，整体认识第三阶段课程设置，准确把握工作总体要求。准确理解"整体"的含义，进行学科整体构思，以五育并举、立德树人为目标，强化实现学科育人，构建集综合性、实践性、探究性、研究性、开放性于一体的"艺术+"课程群。

二、实施理念

按照市区精神，进行学科课程整合，调整教学计划、方式，完成学期教育教学任务。从 4 月 13 日开始，艺术课程转型到第三个阶段，关注学生持久发展、积蓄能量的"发展课程"的整体构建，形成高效、简洁的课程形式，侧重于艺术学科素养的培养。

三、具体实施

坚持整学期一贯到底，如果返校上课，自然转段，不再做零起点的教学。调整的是教学方式，不是教学计划。教学计划要突出基础性核心知识的讲述，突出学科关键必备能力的培养。

（一）开展集团部门教研活动

人员构成：史家校区、实验校区、七条校区全体艺术学科教师共58人，涵盖音乐、美术、书法、舞蹈四门学科艺术专职教师。由史家校区艺术与生活部主任谷莉负责集团部门教研工作。

教研时间：每月召开1~2次全集团网络会议、2次以上学科负责人例会，并参加集团学科教研活动，了解各学科教研工作开展情况，提出指导意见。

研究主题：

1. 如何进行综合性主题学习与国家课程教学内容的整体设计？

2. 如何将此阶段综合性主题学习与正式开学后课程学习进行整体设计？

3. 如何将综合性主题学习与学生特长学习展示活动进行整体设计？

（二）以集团学科组开展教研活动

集团音乐学科组教研，负责人：赵亚杰

集团美术学科组教研，负责人：李阳

研讨并制定12周+1周（收尾工作）的教学计划、教学进度，并制定出集团学科组教研活动计划。集团学科教研活动隔周举办一次，以线上研讨为主。

（三）横向联手，形成集团年级各课小组

1. 由集团各年级任课教师组成教研小组，由市、区骨干任教研小组组长。鼓励多学科融合，将书法、舞蹈、京剧学科的教师纳入学科教研组。

2. 在学科大组长的统一部署下，各年级备课小组制定本年级的教学计划、教学进度，并进行网课的录制，最后由学科大组长汇总成一份集团学科教学计划。

3. 集团学科教研活动、集团年级教研活动要有活动主题，并留过程性资料。

（四）课时安排

在"和谐课堂"网课平台上进行授课。"艺术＋"课程安排在每周三，每次 15～20 分钟。

4 月 15 日，音乐，15～20 分钟（分年级录课）。

4 月 22 日，美术，15～20 分钟（分年级录课）。

4 月 29 日，音乐，15～20 分钟（分年级录课），六年级书法。

5 月 6 日，美术，15～20 分钟（分年级录课），六年级书法。

四、史家教育集团"云端艺术节"设计方案

活动主题：云端艺术节——"我们一起成长"。

活动原则："和谐课堂"与特色社团活动相结合，丰富学生的艺术修养和实践活动，展现学校的艺术特色教育成果。

活动时间：2020 年 4 月 15 日～6 月 3 日。

活动展示：书画类 5 月 27 日，表演类 6 月 3 日。

活动形式：利用"和谐课堂"的 20 分钟，以视频的形式进行展示，展示作品提交时间截至 4 月 27 日。

活动对象：史家教育集团一至六年级全体学生。

活动要求："小歌手"——演唱歌曲为"和谐课堂"音乐课教授曲目，鼓励学生以歌曲表演的形式呈现，还可以是学生在疫情期间创作的歌曲。以年级设置公共邮箱，由家长将展示作品按各年级要求上传到指定邮箱。4 月 13 日在网课中进行全集团宣传，将展示方案提供给学生和家长。

负责人：一年级——杨明；二年级——李琰（七条）；三年级——闫瑶瑶；四年级——高侠；五年级——张振华（实验）；六年级——李娜。

评审小组：集团音乐学科各年级备课小组成员，挑选出可以上平台进行展示的作品。

　　书画类——书法以"兰亭杯"以及班级社区反馈的优秀作品和"做顶天立地的中国人"素材为主，美术（包括黏土动画）以疫情创作画、学生学习网课后的优秀作品为主。挑选出的优秀作品成为编辑视频的素材。

　　负责人：一年级——张淑华；二年级——李宝莉；三年级——刘栋；四年级——王家庆；五年级——孔炳彰；六年级——陈萌萌。

　　评审小组：集团美术学科各年级备课小组成员，挑选出可以上平台进行展示的作品。

　　金牌特色类——三个表演类的"金帆团"在自己的团队社群里开展项目展演活动，通过活动推动项目训练，提供展示的空间和平台。

　　负责人：舞蹈团——刁雯；合唱团——李娜；管乐团——温丽丽。

"创意+"课程实施方案

▌陈　纲

一、指导思想

史家教育集团自 2 月 17 日"延期开学不停学"以来，构建了以"培育具有家国情怀的和谐发展的人"为目标，凸显"博·悟"定位，集综合性、实践性、探究性、研究性、开放性于一体的课程群。按照市区精神，从 4 月 13 日开始，课程将转型到第三个阶段，即"学科教学与专题学习相结合"的"课程超市 3.0"，关注学生持久发展、积蓄能量的"发展课程"的整体构建。第三阶段的"发展课程"将由三部分组成，其与集团的"两级三层"课程框架中的基础课程、综合课程、选择性课程基本契合。

二、实施理念

在经历"创意生活""创意有佳"课程后，第三阶段的"创意+"课程以专题式、主题式的学习方式融合学科知识进行设计，探索在综合实践活动主题中系统设计劳动活动，采取劳动教育常态化的措施和策略。

在以往的教学实践中，生产劳动往往与生活脱节，过于强调劳动技术，缺少劳动意义的教育；考察探究往往是从文献到文献，过于强调文献的研究和梳理，而缺乏通过创意物化解决问题的环节。借助此次"创意＋"课程，将考察探究与生产劳动有机融合，通过生活问题、传统节日等研究主题，提出相关的创意、方案，鼓励学生手脑并用，自己动手创意物化、解决问题。

三、课程亮点

1. 在课程中加强思想道德教育，夯实幸福生活源自辛勤劳动的理念。

2. 在课程中强调研究与物化并重，在考察探究中挖掘劳动要素，体验劳动过程，物化劳动成果。

3. 在课程中强调实践过程，在研究中学劳动，在劳动中做研究，提高动手能力，养成劳动习惯，体验劳动乐趣。

4. 课程根据学生年龄特征选择合适的项目和内容，在交流技术的同时，强调做好劳动保护，确保学生人身安全。

五、课程内容

"创意＋"授课列表

周次	授课年级	具体课题	授课方式	负责人	主讲人
第一周	一至三年级	我为家人做早餐	微视频	赵　晶	郝俊英
	四至六年级				
第二周	一至三年级	废旧物品再利用	微视频	付　航	付　航　赵　晶
	四至六年级	废旧物品换新颜			姚　慧　焦　晨
第三周	一至三年级	劳动最美丽	微视频	赵　晶	武　炜　张倞然
	四至六年级	送给劳动者的礼物			王　佳　张昕怡
第四周	一至三年级	飞机制造师	微视频	陈　纲	李　雪
	四至六年级	酷酷的蒸汽火车			鲍　彬

第四节

融合课程 4.0

——育人泛联　学习内驱

史家教育集团"6.1"复课实施方案

▌韩巧玲

一、指导思想

为深入贯彻中央关于"有序推进学校复学复课"重要指示精神，落实市委市政府部署要求，积极适应北京应急响应级别下调后的疫情防控形势变化，有效回应社会关切，北京市从 6 月 1 日起小学从六年级开始将陆续开学复课。按照市区下发的春季学期教育教学工作整体安排，史家教育集团将再细化、完善制定开学后的教育教学工作计划，做好线上教学与线下教学的过渡与衔接。在王欢校长、洪伟书记的带领下，集团教育教学专班领导小组延续史家教育集团 1.0 课程到 3.0 课程的整体设计思路，共同研讨制定各年级开学复课的专项工作方案，明确职责，落实到人。在保证每一名师生生命安全和身体健康的前提下，确保教育教学有序推进，科学合理优化教育教学内容，优化教学管理、优化教学实施、优化校本教研、优化考试评价，切实做到统筹考虑，课程融合，有效衔接，确保质量，特制定此实施方案。

二、课程定位

史家教育集团自 2 月 17 日以来，经历了四个阶段的课程实施，根据疫情期间学生的身心状态、学习状态、学习内容、学习形式，围绕"具有家国情怀的和谐发展的人"的育人目标，在课程供给的不同阶段，不断微调、各有侧重、层递升级，努力让学生学习的全过程始终弥漫着生命成长气息。整个课程的构建体现史家教育集团"漫教育、融学习、大先生"的课程理念。

基于"超量供给　自主选择"强化横向弥漫的和谐课程1.0（2月17日至3月13日）。

凸显"温故知新　学之有法"强化纵向弥漫的成长课程2.0（3月16日至4月10日）。

强调"精准施策　确保质量"强化环向弥漫的发展课程3.0（4月13日至5月29日）。

指向"育人泛联　学习内驱"强化自向弥漫的融合课程4.0（6月1日至放暑假）。

课程特点 课程名称	资源内容侧重	资源转化侧重	实施向度侧重	性质定位侧重
和谐课程1.0	体量（超量供给）	方式（自主选择）	横向弥漫	身心和谐
成长课程2.0	结构（新旧衔接）	方法（方法指导）	纵向弥漫	心智成长
发展课程3.0	逻辑（学科教学）	方略（整合综述）	环向弥漫	整体发展
融合课程4.0	价值（育人泛联）	方向（学习内驱）	自向弥漫	集群共享

融合课程4.0是更加关注学习共同体内各种育人要素的自向弥漫与集群共享的融合。这种融合，既有学习方式的融合，也有课程内容的融合，更有育人模式的融合。

三、课程实施

6月1日开学复课，距离放假还有6周时间，因此要结合实际情况制定有效的教学计划，精准施策，合理有序、高质量地完成各方面的教育教学任务。

（一）课程内容融合——凸显"五育并举"全学科推进

首先要坚守为党育人、为国育才的初心，坚持德智体美劳"五育并举"，突出德育实效、提升智育水平、强化体育锻炼、增强美育熏陶、加强劳动教育，促进学生全面发展。根据市区精神，学生错峰上学，在校时间不超过 6 小时。我们对学生在校学习课程内容进行重组，在保证"空中课堂"学习内容的基础上，保证学生在校体育锻炼时间，保证学生一周学习内容全学科融入。

二年级数学授课列表

年级	日期	总课位	空中课堂					其他课程				
			课位	语	数	英	法	复位	基础10课位	补1	补2	补3
六	6月1日－6月5日	24	15	5	5	3	2	9	体育5			
	6月8日－6月12日	30	18	7	6	3	2	12	科学1	音乐1	科学1	
	6月15日－6月19日	30	19	7	7	3	2	11	美术1	音乐1		
	6月22日－6月28日	24	15	4	4	3	2	9	劳技1 音乐1			
	6月29日－7月3日	30	15	4	6	3	2	15	综实1	音乐1	科学1	语文2 数学1
五	6月8日－6月12日	30	18	7	6	3	2	12	体育5	音乐1	科学1	
	6月15日－6月19日	30	19	7	7	3	2	11	科学1	音乐1		
	6月22日－6月28日	24	15	4	6	3	2	9	美术2			
	6月29日－7月3日	30	15	4	6	3	2	15	劳技1 音乐1	音乐1	科学1	语文2 数学1
四	6月8日－6月12日	30	19	7	7	3	2	11	体育5	音乐1		
	6月15日－6月19日	30	19	7	7	3	2	11	科学1	音乐1		
	6月22日－6月28日	24	13	3	5	3	2	11	美术2	音乐1	科学1	
	6月29日－7月3日	30	14	5	4	3	2	16	劳技1 音乐1	音乐1	科学1	语文2 数学2

注：总课位为 24 课时的周次，因停课 1 天，所以体育课位为 4。

（二）学习方式融合——线上与线下教育教学有效衔接

学生已经度过了 15 周的居家线上学习，如何让学生从居家线上学习转场到校园教室中面授学习，做好线上与线下教育教学的衔接，确保学习实效是工作的重中之重。

措施一，做好前测，了解线上学习效果，制订线下可行计划。

针对 4 门线上核心学科，应认真梳理评估自 4 月 15 日以来 7 周的线上学习情况。建议六年级在 6 月 1 日复课当天（"空中课堂"没有授课安排，其他年级建议在复课前做好此项工作），学校完成开学第一课的教育活动后，4 科教师以学科、年级为单位，通过单项小练习对延期开学期间的学习效果进行全面的摸底诊断，总结问题并制订教学计划，了解学生学习的真实情况，做好复课后学习进程的有效衔接。六年级是小学毕业年级，学生的小学学习生活将在本学期结束，我们应克服疫情的干扰，为学生六年的学习生涯画上一个圆满的句号。

各年级在学情调研的基础上，根据学情科学、合理安排课后的教学内容，制定教学进度，设计单元检测，打通学生学习过程中的"堵点"，连接学习过程中的"断点"，高质量完成最后 5 周的教学任务。

措施二，重排课表，用好线上课程资源，做好线下查漏补缺。

市级线上课程资源将持续提供至本学期结束。本着市级精神，要求各学校的教学安排、教学内容和进度要与市级线上课程资源相对保持一致，切实减轻学生课业负担。市级"空中课堂"的教学内容都是经过市区及教研专家共同研讨的授课内容，不但是学生学习的课程资源，也是教师专业学习的资源。因此，集团决定 4 门核心学科的授课内容和教学进度与"空中课堂"同步，重排复课后 6 周的课表。每个班级每周一张具体实施课表，每天 6 节课，每节 40 分钟。语文、数学、英语、道德与法治每节课原则上按照"25 + 15"的时间分配。

给 4 门核心课程的授课教师提出如下具体要求。

★摸底：以学科、年级为单位，通过单项练习对延期开学期间的学习效果进行全面的摸底诊断，总结问题并制订教学计划。

★备课：

1. 年级一课一案转为个性化备课，每位教师一课一案，在自主备课的基础上，加强年级组大教研。

2. 提前观看"空中课堂"的授课内容，同时选用自己的方式下载课程资源（录屏），然后根据观看结果，复备第二天 40 分钟的授课内容：25 分钟的空中课堂，加上 15 分钟的学科教师补充教学。补充教学既可以是教学重点和难点的辅导、学生学习困惑的答疑，也可以根据本班学生学习的实际情况选择性地使用"空中课堂"的教学内容，大胆取舍、精准补漏、因材施教。

3. 备课具体内容：

（1）教学目标定位准确，"双基"清晰明了，重点难点有突破。

（2）精选线上学习内容（在教案中用不同颜色标记内容或可记录时间）。

（3）个性化设计的补充内容。

4. 教学方式不采用小组合作的形式，听、讲、练有机结合（凸显学思知行）。

★复习：正视真实差异，进行精准帮扶，实现因材施教，确保每个学生都有收获。

★期末检测：依据课标，降低难度，重点考查"双基"掌握情况。

课表中的其他学科，按照区里下发的课程指导意见，整合课程内容，完成教学任务，达成教学目标（"和谐课堂"平台的线上课程暂时告一段落）。

措施三，经验转场，借助线上学习经验，助力线下学习成长。

以不变的成长追求统合线上与线下的学习场景，使学生在无边界的学习场域中成长。

15周的居家线上学习，通过丰富的课程供给、多元多态的互动平台搭建，我们看到学生在学习过程中积极参与教学活动，形成一种自觉行为；合理安排每一天的学习生活，形成了高效的自我管理。随着课程的深入推进，学生更关注学习方法和学习策略的提炼，学会质疑和分析问题，深入思考并解决问题，注重学习经验的积累，实现了自身学习能力的提升跨越。在展示交流、同学互评中，孩子们学会了倾听和欣赏。教师要引导学生将其带入课堂学习环境中，继续把"专注"与"绽放"作为衡量学生思维发展的重要标志，促使学生思维习惯、思维技能、思维品质的全面提升。

（三）育人模式融合——家校社网四方联手

融合课程4.0是一种更加关注学习共同体内各种育人要素的自向弥漫与群体共享的课程形态。课程实施过程中更加强调基于学生个体内驱力激发的共同体育人价值的生发。开学复课的学习场域恢复以往的学习场景，由前一段时间单一的亲子互动的学习模式，转变为多样态的学习共同体模式。其共同体可以是亲子、生生、师生、家校、校社，我们应该充分发挥各共同体的优势，凸显教育的融合。在亲子、家校共同体中，与家长达成育人共识，形成合力；在生生、师生共同体学习过程中，汲取双方优势，相互助力；在校社、网络课程实施过程中，借助优质资源，夯实内力。致力于让每个共同体都成为具有"群动力"的"动力群"。

（四）教师岗位融合——突破学科边界全员管理

在6月1日至6月12日四至六年级陆续开学的两周内，一至六年级教师全员上岗，老师的责任岗位均重新安排：有授课任务的教师完成好自己的教学任务和本职工作；没有授课任务的教师，配合班主任完成各班学生从早晨到校直到放学的一日作息安排，做到学生防疫和管理无死角。

四、几点建议

1. 学生居家学习生活数月，由线上自主学习转场班级教室的同伴现场学习，学生有可能会有新的焦虑。教师由线上疏导转为面对面的交流沟通，要提高自己的教育能力和沟通能力，随时关注学生的学习状态、思想状态、精神状态。

2. 严格按照上级精神进行授课内容和授课时间的安排，全面统筹，精准施策，开展各学科教学。充分发挥史家教育集团"两级三层"无边界课程中80%课程教学的策略，加强教师基于学科素养提升的专题培训，加强教学研讨活动，加强教材教法的深入研究，加强单元整体备课，关注知识之间的整合、内在沟通，构建章节之间的关联，通过特殊时期的特殊课程的实施，提升教师的课程设计领导力。

3. 对因故无法正常返校的学生，各学科教师要制定个性化的学习方案，指导学生居家完成学习任务，做好一生一案，保证教学进度和教学质量与在校学生同步。

让我们在线上与线下融合的教育变革中，以更加坚定的信心、更加昂扬的斗志、更加笃实的行动，激活教育发展的无穷力量。

第二章

史家教育集团创新评价方式

史家教育集团"延期开学不停学"班级社区交流评价实施方案

■ 张　怡

"班级社区",对于史家师生来说不仅是个亲切而熟悉的词语,更是一个温暖又极具吸引力的组织。在防控新冠肺炎疫情期间,师生居家办公和学习,班级社区在特殊时期的学习评价中发挥了特殊作用。

一、设置背景

(一) 新需求拓展班级社区新功能

班级社区是由一至六年级相同班号的班级组成的组织,"社区"成员中包括 7～12 岁的学生和他们的老师,比如班号为"1"的班级,一(1) 班、二 (1) 班……六 (1) 班组成"一班社区"。以往,"社区"里的班级携手开展过丰富多彩的活动——入队前教育、特色班级联合活动、互相观摩精彩班级展示……不同年龄的孩子在共同的活动中增进交流,各有所获。

对于小学生来说,居家学习是一种全新的体验,是对自主意识、学习能力的一次考验。可想而知,当他们面对这些新变化时,一定会有困惑、有疑虑、有需求。而因为特殊时期,他们的活动范围仅限于家庭,怎样才能更好地帮助、引领他们适应新学习方式,满足新方式引发的新需求呢?我们想到,可以拓展班级社区平台,发挥社区内不同年级学生的相互教育作用,引导他们根据自己的实际经验为遇到困难的同学提供建议；发挥社区内不同年段教师的育人作用，教师结合自己的工作经验向产生困惑的同学或同事提供帮助。我们想，交流互动、答疑解惑将成为新的学习形态下班级社区的新功能。

（二）新发展催生学生学习评价新方式

自 2 月 17 日"延期开学不停学"以来，按照上级主管部门提出的各阶段工作要求，集团以"培养具有家国情怀的和谐发展的人"为育人目标，设计并构建了战"疫"期间的"和谐课程""成长课程""发展课程"。

全新的、迭代升级的学习方式，引发了我们对于学习评价的新思考。不同年龄的学生在认知水平、表达能力、知识储备等方面的表现也是各不相同的，我们要通过恰当的评价方式，引导他们在班级社区中进行多元化的展示和交流，使班级社区成为相互助力、成长发展的育人平台。因此，伴随着课程 1.0 到 3.0 的发展，以班级社区为依托的评价方式创新也备受我们关注。

二、实施目的

在学生居家学习的特殊时期，发挥群体教育功能，帮助有困惑或遇到困难的学生面对问题、自我检视、及时调整，确保学生们的居家学习顺利进行。

通过营造安全、平等、轻松的氛围，为学生搭建生生、师生、家校交流互动平台，让学生的成长打破时间与空间的局限。

创新课程评价方式，依托线上"班级社区"分享交流空间，进行实时反馈与在线评价，让学习在对话中发生。

在"班级社区"分享交流中，引导学生对学习内容、学习方式、学习收获等进行不断反思。在课程评价上，从成果展示转向成长反思。

三、组织架构

　　班级社区平台打破年级边界，体现了史家无边界育人理念。在班级社区的管理中，我们同样打破校区、学科的边界，以集团为单位统一管理，书记、校长整体把握工作方向，"延期开学不停学"工作组制定整体方案，德育部和党总支办公室组织实施。在此期间，集团创新开展党员回"班级社区"报到工作，党总支组建 29 个临时党组织，由临时支部负责人具体负责班级社区的运行和管理。每个班级社区按照"16NN"的方式进行人员安排，以史家校区为例，每个社区中除临时党组织负责人外，还有 1 位行政干部参与线上交流点评，并做好班级社区工作的服务保障，关注师生思想、心理状态；6 名由一至六年级相同班号的班主任组成班主任小组，组织学生自愿报名参与社区交流；5 名党员干部教师带头做好线上交流主持、互动点评，线下记录整理；6 名非党员教师全员参与线上交流、点评，线下记录整理。

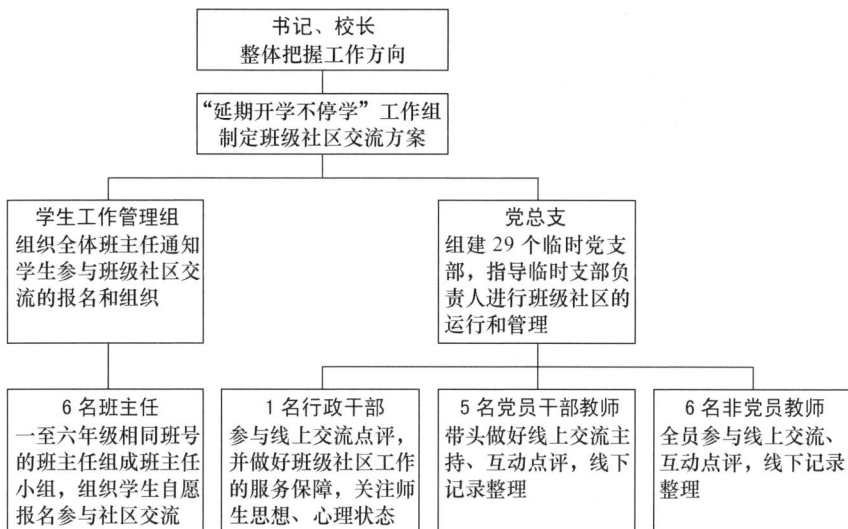

"延期开学不停学"班级社区组织架构（以史家校区为例）

四、实施途径

（一）依循方案升级，调整课程评价

史家教育集团"延期开学不停学"课程实施方案从 1.0 发展到 3.0，在学习内容调整的同时，对于学生居家学习的方法、评价方式也有了新的要求。第一阶段"和谐课程"以展示性评价为主，调动学生居家生活、学习的积极性，引导学生在现有基础上有所思考、有所提升。第二阶段成长课程增加了围绕知识学习为主的课程内容。这一阶段的班级社区评价也作了相应调整，以过程性评价为主，从学生反馈的学习方法、学习习惯、有效经验等方面进行评价。

（二）固定交流时间，明确活动板块

班级社区每天 19:30～20:00 线上交流形式为师生搭建互动平台。周一至周五每天半小时的班级社区交流时间，按时间大致分为三个板块：第一环节（10 分钟），值守老师点名，学生以自己当天学习中最感兴趣、最有收获或者有困惑的一项内容为基础，提交照片、文本、视频、语音等不限形式的分享展示材料；第二环节（10 分钟），当日值班教师对学生展示的亮点进行鼓励性点评；第三环节（10 分钟），群内师生、生生充分交流。

（三）固定教师组合，流动展示学生

29 个班级社区临时党组织负责人分别建群，群里固定成员为参与点评和服务社区工作的干部、班主任小组，参与点评的党员和教师。周一至周五每晚半小时的分享交流，是生生、师生的线上聚会，为保证有充足的交流时间，我们严格控制展示人数。每天各班有 2 个进群交流汇报的名额，由班主任组织学生自愿报名；随后邀请参与当晚活动的学生或家长进群；活动结束时 12 名临时成员退出交流群，为第二天的活动预留空间。

（四）鼓励全员互动，助力全面成长

在对班级社区教师进行培训时，明确提出打破学科壁垒，全员参与点评、互动。教师们按照不同阶段工作重点，以点评、互动的方式对学生的居家学习、生活等进行引导和教育。比如，在"和谐课程"实施阶段，居家隔离这种新的生活方式给大家带来不适与困惑。这一时期，班级社区的分享交流以丰富的课程内容、充实的居家生活和学习安排为主要内容，点评教师可以从学科角度评价，也可以从生活态度、心理状态等角度进行评价，以引导学生正确面对疫情，保持良好心态，合理规划自己的学习、生活的鼓励性评价为主。到"成长课程"实施阶段，则是引导学生畅谈学习方面的思考，更多地引导他们从学习习惯、学习方法、学习技巧、学习策略、学以致用、问题解决等6个方面进行分享。这一阶段的教师点评仍然是全员参与，不论是否任教学科，不论任教哪个学科，教师只要在学生的分享中发现有符合上述6个方面内容的亮点，就进行鼓励性评价或建议性评价。

除了教师的全员参与外，我们还鼓励群里学生全员交流。每晚的12名学生，年龄不同，看起来好像没有什么交集，但是，当教师建议群里学生一起观看其他同学分享的展示材料后，总有同学会找到志趣相投的小伙伴、能够解决自己当前问题的"小先生"、值得自己学习的好榜样……这样的喜悦对于宅在家中的孩子们来说，分外宝贵。

（五）分类整理展示材料，分析研判学情

班级社区不仅是学生、教师交流的平台，还是创新评价的新方式。为了确保评价真实、有针对性，我们设计了《史家教育集团"延期开学不停学"班级社区分享记录》，每天社区值班教师要记录学生展示内容、师生精彩点评，同时记录发现的问题、解决的措施或需要继续关注个案等。

按照不同阶段的学习内容，我们在办公平台上建立班级社区文件夹及分类子文件夹，每天在班级社区值守的教师负责整理学生提交的材

料，分类保存到相应文件夹。在分类整理的过程中，可以分析出学生关注的、喜欢的学习内容，学生在家里的学习状态等。在班级社区工作研究会上，我们会针对各阶段发现的问题进行教研，以便优化现有工作或对学生进行新的引导，让学生切实学有所获、习有所得。

五、预期效果

（一）助力学生实现长链条发展

史家教育立德树人，就是在多要素、长链条、全方位的家国情怀教育中给学生无限成长的可能。班级社区从学生角度突破学段边界，一至六年级相同班号的班级集结在同一社区，助力学生实现长链条发展。

抗击疫情这场"大课"让我们对"具有家国情怀的和谐发展的人"这一育人目标有了更加清晰的界定。除学习知识之外，我们要让学生能够从家国情怀乃至人类福祉角度出发，实现身心健康、科学精神、自主发展、责任担当等必备品格和关键能力的和谐统一。

在班级社区这一交互场景中，学生的学习并不是孤立的，而是在与同伴或成人的社会交往中发生的。在班级社区中，没有新授课程的紧张感与作业负担，更多的是聊学习、论时事、谈家国、抗疫情学习的真正获得，要求学生不能只做在线课堂的"看客"和"听众"，而应在思维活动中实现学习的深度参与。在轻松的氛围中，学生积极展示自己的学习收获，同时在与老师和其他同学的交流沟通中继续深度思考。我们可以看到孩子们在沟通中的个人成长与进步。

（二）激发教师全学科思维方式

班级社区的人员组成从教师角度突破学科边界，由各学科教师开展跨学科共育，促进学生实现多要素发展。在班级社区的运行中，教师的育人观、学生观、学习观也在悄然发生着变化。

"学生展示的内容不是我任教的学科，我不知道怎么点评"——这是班级社区运行前一些老师的疑虑。因为学校要求教师全员参与班级社区，全面了解学生，在安排人员时，除了学科干部、教师外，行政后勤服务部门的干部、教师也被安排到社区中。他们担心自己不能从学科角度进行评价，不能胜任。这一疑虑在培训后的实际操作中很快就被消除了。班级社区除了关注学生学业学习，还关注学生身心状态、生活情况等。教师根据学生的汇报选择相应的"点"进行评价，而且，由于每晚都有2位以上的老师在班级社区值守，教师间也可以互相补充、完善彼此的评价。因此，班级社区的评价工作顺利展开，老师们也从关注学生多方面成长中受到启发，跳出自己的学科、专业领域，站在育人的高度审视自己的教育行为，这是非常明显的变化。

"我看到了和平时不一样的学生"——这是老师们在班级社区教研交流时说得最多的一句话。与以往集中上课、学习内容统一不同，"延期开学不停学"期间史家教育集团为学生构建了超量供应、自主选择的"课程超市"，学生可以根据自己的兴趣选择相应的课程，在班级社区进行分享时，不仅可以就当天所学的内容进行汇报交流，还可以结合自己的兴趣、爱好、特长拓展汇报。从学生的汇报形式到汇报内容，都是极具个性化的，展现了学生的综合能力和个性特长，也让老师们更为全面地了解学生。在班级社区分享交流中，教师从知识训练的浅层学习转向思维建构的深度学习，从脱离实践的符号学习转向回归生活的真实学习，从教师主导的接受式学习转向内在驱动的无边界学习。教师进一步思考知识学习与其背后的育人价值的内在关联。

"老教师掌握了新技能"——在班级社区建设中，教师的学习时刻发生。教师学习更多的是在工作场景中发生的。在这里，老师们向实践学习，例如有的老师对学生的作品反馈进行了数据分析，从数据中发现学生的成长；老师们向同伴学习，看到年轻教师利用前沿的技术手段带来的学习效果，老教师主动学习相关技术，克服困难，一遍一遍地录制短视频，只为呈现最佳效果；老师们向学生学习，"这几天的点评下来我感受最深的一个词就是'教学相长'，从孩子们的身上，我们看到了太多的闪光点，点评的同时也学到了很多"。可以说，班级社区不仅为学生创建了共享交流平台，也为教师们创建了一个跨越学科边界、校区边界、师生边界的学习平台。

（三）将危机转化为家校育人合力

班级社区从家校角度突破学理边界，学习内容超越书本知识、涵盖身心智趣，促进学生全方位发展。

疫情是对家校育人合力的一次考验。史家人直面疫情中的家庭教育特需，通过班级社区的搭建以及线上"课程超市"的精准推送，指导各个家庭开展更加科学、有序的居家学习和生活，将这场疫情危机转化为重塑亲子关系、重构家庭教育的良好契机，促使家校之间达成"理念共识、管理共谋、教育共为"的良好局面。有家长在参与班级社区活动后感言："社区平台分享这一活动为学生打开了学习的另一扇窗，一扇曾经我们没有机会碰触或是忽略的窗。""班级社区让我们这些家长也跟着一起受益，衷心感谢史家教育集团做了一个这么好的平台，让我们能安心地、快乐地度过这段非常时期。"

（四）学校治理理念转化为实践

班级社区是一个分享、交流的平台，是一种创新评价方式的载体，同时也是学校治理实践的新亮点。

按照集团"教师领导型治理结构"的建设理念，学校治理能力提升的核心要义是通过治理结构的调整实现权力关系的重构；其主体路径是构建教师专业共同体；其显著标志为"教师领袖"的不断涌现，从而最终达成"多元群动　和谐共治"的现代化治理体系。在班级社区建设过程中，这一治理模式逐渐从理念走向实践、从战略走向落地。

班级社区为权力关系的重构提供契机。"管理"强调自上而下的垂直安排，而"治理"注重扁平化的、强调上下互动的过程。班级社区建设则是一次打破垂直边界、促使管理重心下移的创新实践。例如，集团为每个班级社区配备一位行政领导，其角色在于服务而非管理，从而不断实现治理体系中权力关系的重构。"南校长在社区群里积极为老师们加油打气，排忧解难，他每晚都准时出席孩子的分享、点评孩子们的作品。""在陈燕校长的提醒下，我们还设立了复盘机制，这为日后工作的提升打下基础。""高李英校长每天不光来点评，每晚八点半还会开个总结会，特别让我佩服的是，我想不到的、注意不到的地方，高校长都能想到，给我提醒，就这样社区活动越来越顺畅。"可以说，这一过程中行政领导也经历了角色的转变，从行政管理者转为教师成长的服务者。

为教师共同体建设搭建平台。班级社区的有效运行依赖于其背后的"教师社群"的专业支撑。每个"教师社群"都秉承"给成长无限可能"的集团课程理念，为学生成长提供资源支持与专业引导。这个共享的价值观与行为准则，使每个"教师社群"成长为"教师共同体"，而区别于"一群教师"。例如，有老师表示，社区里有几位老师平时没有过任何接触，通过这个交流平台，他们很快熟悉了，并肩合作、交流沟通，工作更加愉快。

为领袖教师搭建平台。在史家教育集团，我们认为领袖教师更多的是一种专业身份，能够以自身的专业优势引领周围教师共同成长。在班级社区建设过程中，每个社区负责人都可以被视为领袖教师，他们带领老师研究学情、制订计划、调整方案、上传下达、反馈成长，保障班级社区的有效运转。同时，他们在集团校务会中积极传达一线教师声音，为学校治理结构调整提供最为鲜活的实践依据。

（五）强化党建组织力

突如其来的疫情是对学校党组织"组织力"的一次大考，是检验党员党性修养的一次大考，史家党总支在上级党组织的坚强领导下，上下一心，按照"磨砺责任担当之勇，科学防控之智，统筹兼顾之谋，组织实施之能，在大战中践行初心使命，在大考中交出合格答卷"，用实际行动努力书写这份答卷。

为响应"把党组织建在最基层"的号召，创新开展党员回班级社区报到工作的同时组建 29 个临时党组织全面深入班级社区，承担管理和运行的工作。临时党组织负责人和班级社区内的党员一起率先执行集团新要求，承担新任务挑战自我，与社区内的其他教师一起奋斗在班级社区这一全新的育人平台。班级社区工作顺利开展、目标达成、全面小结，得益于党员教师带领的班级社区教师团队的精诚合作。这一项工作的顺利开展，凸显了学校党组织的号召力、战斗力、凝聚力，同时也提升了党组织的组织力。

班级社区秉持"志在家国、学无边界"的办学追求，多点关联、环向聚合各种育人要素，使之在特殊时期产生各方期盼的教育增力，同时也为我们进一步研究学生、教师、学校治理提供了新的鲜活素材。面对不断变化的世界、迎面而来的各种挑战，史家人始终牢记教育初心与使命，将教育再思考、新实践作为不断发展的新动力。

第三章

史家教育集团"延期开学不停学"新闻综述及社会影响

第一节

党建引领
定方向

胸有家国　怀抱春光

——史家防疫集结　党员报到

（2020 年 2 月 9 日）

2020 年的冬天，因为肆虐的病毒而格外寒冷；2020 年的抗疫行动，因为逆行而上的身影而格外暖心；2020 年的这场"战斗"，因为守望相助而让我们信心十足。

党旗一次次飘扬在誓师现场，党徽一次次闪耀在防控一线，英雄们正在践行着"不忘初心、牢记使命"的号召。

身为教师，我们的初心是为党育人、为国育才。特殊时期，带头守护好我们的学生——祖国的未来，就是史家党员应有的担当。

胸有家国　怀抱春光
——史家胡同小学党总支致党员教师倡议书

党员同志们：

一场迅猛峻急的新冠肺炎疫情跨年而来。当前，全国防控工作正处于负重爬坡的关键时刻。抗疫有爱，胜战无碍。众多党员教师假期放弃与家人团聚、亲友叙旧，争分夺秒、夜以继日地投入防控一线，连线学生、连线家长、连线教师，并集结带领学生、家长、教师三支队伍共同抗击疫情，真正做到了舍小家顾大家、安大家护国家，以坚如磐石的家国信仰让党员与教师两个身份相映生辉！为进一步激励党员教师在这场家国情深的特殊战"疫"中聚党心、暖民心、践初心，牢记为党育人的使命，强化为国育才的担当，学校党总支倡议如下。

一、史家党员教师要带头彰显"党员"政治本色。集团党总支致力于以"群动党建"推进教育综合改革。面对疫情，群策群力、群防群治是集团党建的内在要求。集团坚持党建引领疫情防控工作，要求每一位党员教师深入学习贯彻落实各级防控工作精神及要求，在抗击疫情中立得住脚、挺得起身、冲得上人，让党旗在教育一线高高飘扬。当前，党员教师要按照集团第一时间制定的疾控工作方案，积极配合各中心、各校区、各部门开展排查、统计、防控工作。殷盼党员教师将自我防护做得严而又严，将学生防护做得细而又细，将校园防护做得实而又实。与此同时，党员教师要志在家国，按要求回社区报到，力所能及地协助社区解决疫情防控难题。

二、史家党员教师要带头彰显"教师"育人角色。集团党总支致力于在教师领导型治理结构中持久激发教师发展内动力。在多元群动、和谐共治的集团化办学生态中，史家教育最大限度地尊重教师、成就教师。在抗击疫情过程中，史家人更加坚信，好教师就是好教育。好教师，因热爱孩子而执着于教书育人；好教育，因拥有担当而有益于国家人民。在师者情怀感召下，史家孩子"漫画防疫喊加油""童谣祝福传武汉""电梯爱心小牙签"等一系列公益行动正在全社会广泛传扬。基于此，党员教师不仅要示范带动班主任、学科教师和社团教师做好值班值守，更要凝聚全体教师共同创设在线家庭教育课堂，在战"疫"紧要关头进一步激发孩子们关爱社会的巨大行动力。

三、史家党员教师要带头彰显"史家"立德特色。集团党总支致力于推进以家国情怀为底蕴的系统育人，为孩子的生命打下和谐的成长底色。史家人认为，教育的本质即成长。史家教育立德树人，就是在多要素、长链条、全方位的家国情怀教育中给学生成长无限可能。当前，党员教师要化疫情危机为教育契机，不断创新集团家国情怀育人实践模式，在"延期开学不停学"的史家教育能量场中引导学生直面现实、正视困难，深入思考与自身、家人、他人、社会、自然的层递和谐关系，并在家校社融合的服务学习、博悟学习等"云成长"课堂中践行由身及家、自家而国的史家人特色鲜明的家国担当，由此满足千家万户的教育特需，凸显学无边界的史家追求。

胸有家国，怀抱春光。党员教师们，让我们一路向阳、温暖四方，以志教兴国的笃实前行为打赢这场疫情防控阻击战贡献力量！

史家胡同小学党总支

2020 年 2 月 9 日

群动党建　聚力史家　防疫集结　党员报到

非常时期，每一名党员都坚守在自己的岗位上，活跃在信息上报群、班级活动群、社团群……我们的工作照并不能反映全体党员的工作状态，但是，我们知道，老师们如此自觉努力地开展教育活动，是因为有着相同的目标——若干年后再回顾这场疫情的时候，我们和孩子留下的回忆不再只有"中国加油，武汉加油"，更多的应是社会良知、完善人格、理性思维、良好心态的获得。

史家胡同小学行政后勤党支部报到

史家胡同小学语文学科党支部报到

史家胡同小学数英学科党支部报到

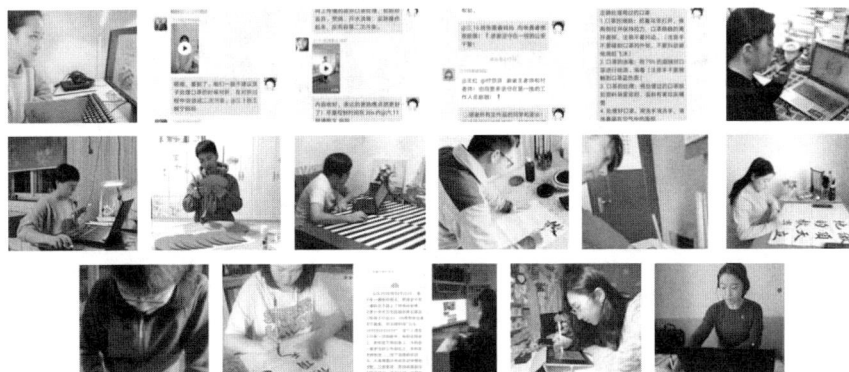

史家胡同小学科任学科党支部报到

遂安伯小学党支部报到

七条小学党支部报到

"顶天立地的教育人"——

在史家教育价值体系中,"顶天立地"就是家国担当。头顶的天是共同的国;立身的地是共建的家。天行健,君子以自强不息;地势坤,君子以厚德载物。史家人的家国担当,誓将厚德健行作为精神根柢和实践取向。"顶天立地的教育人"就是具有深挚的家国情怀并付诸笃实的育人行动的史家人。

一个支部一座堡垒
一名党员一面旗帜
一枚党徽一生承诺
我们是党员
我们来报到

实验学校党支部报到

听史家党总支书记讲党课（一）

——史家防疫集结，党员报到

（2020 年 2 月 11 日）

疫情就是命令，防疫就是责任。为贯彻落实中共北京市东城区委教育工作委员会、北京市东城区教育委员会《关于加强党的领导，全力以赴坚决打赢疫情防控阻击战的通知》的文件精神，学校党总支深入推进疫情防控工作。党总支书记洪伟用切身行动讲好这堂特殊时期的微党课。

"每年的大年三十，我都会到学校值夜班，陪伴我的是那棵等待春天的大槐树。2020 年除夕夜的夜班格外不同，突如其来的疫情，史家人第一时间行动起来。本着'守土有责、守土尽责'的责任担当，我和王欢校长密切配合，以保护师生健康、守护校园平安为目标，全员、全时、全方位启动了集团的防控工作。"这是党总支书记洪伟在集团抗击新冠肺炎疫情工作会上的一段感言。

面对疫情，应该怎么办？在洪伟书记和王欢校长的带领下，党总支充分发挥"群动党建、聚力史家"的党建特色，在集团各校区迅速行动、周密部署、精准施策，全面激活集团抗击疫情的"免疫系统"——数据统计上报组、延迟开学网上教学组、政策传达方案制定组、卫生防疫后勤保障组将防控工作的各项部署迅速传递给集团各个校区、各个末梢，让党旗在防控疫情斗争第一线高高飘扬。

洪伟书记强调，党组织这个肌体是不是具有强大的免疫力、抵抗力，形成强大的凝聚力、战斗力，取决于一个个党员细胞。为此，党总支在《胸有家国　怀抱春光》的倡议书中向广大党员发起倡议——带头彰显"党员"政治本色、带头彰显"教师"育人角色、带头彰显"史家"立德特色，不忘初心、牢记使命，团结带领广大人民群众坚决贯彻落实党中央决策部署，打赢打好这场疫情防控攻坚战、突击战。

医生救人，师者育人。广大教育工作者同样逆行前往抗击病毒的一线。谈到这一特殊时期立德树人工作的开展，洪伟书记指出，"面对疫情，我们用口罩、酒精、消毒液构筑了第一道免疫防线。但是，史家人更为重要的责任是，给孩子建立全方位、多维度、深层次的免疫力"。在这里，洪伟书记有三句话送给大家。

第一句，给孩子讲述"国家免疫力"。

在这场没有硝烟的战"疫"中，我们的国家展现了强大的免疫力。火神山医院、雷神山医院短时间内建成并投入使用的"中国速度"让人赞叹。不顾个人安危的"最美逆行者"身上所呈现的"中国精神"让人动容。一方有难，八方支援，这种中华民族同呼吸、共命运的"中国力量"催人振奋。在这堂特殊的"思政课"中，我们要让孩子充分感受中国特色社会主义制度具有牢固的思想基础、集中力量办大事的显著优势和自我纠偏、自我完善的旺盛生机活力。疫情过后，通过总结经验、系统反思，我们的"国家免疫力"只会变得更加强大。

第二句，为孩子构建"家校免疫力"。

疫情来势汹汹，这也是对家校育人合力的一次应急大考。多年来，学校不断完善家校合作机制，进行"理念共识、管理共谋、教育共为"，不断探索家校合作的新模式，"妈妈读书会""爸爸运动队""星期六课程"已经成为集团育人品牌。为应对本次疫情，我们的家校沟通24小时在线，教育的温暖通过网络传递开来。集团与家庭教育专业机构一同打造"和谐课堂"，向老师、家长推送"每日一课"，涉及孩子学业、情绪管理、身心健康、亲子关系、人际交往、家校沟通、家长角色、家长成长8个主题单元，365个主题课程。集团还制定《"延期开学不停学"工作实施方案》，制定科学、合理的学习内容和学习方法，聚焦学生成长，开启居家学习新模式。

　　第三句，帮孩子形成"个体免疫力"。

　　孩子们美好的假期计划被突如其来的疫情按下了暂停键。但是，正如陶行知先生所言：社会即学校，生活即教育。面对突如其来的疫情，我们让孩子戴上口罩的同时何不以家庭为课堂，学习、思考、行动，用知识构建起强大的"自我免疫力"？在史家教育集团，我们突破"书本知识是学生全部世界"的认识局限，倡导"课堂不止于学校，学习不止于教室"，让整个世界都可以成为学生成长的教科书，让学习随时随地发生。希望家长和孩子们继续按照"志在家国　学无边界"的号召，开展"服务学习"相关活动，将课堂所学与服务社会结合起来，心有温度、行有智慧，从而有能力去做有意义的事。

　　在"国家免疫力""家校免疫力""个体免疫力"三重保护下，我们的孩子将产生强大的抗体，取得战"疫"的胜利，校园里的大槐树终将迎来那个久违的春天！

听史家党总支书记讲党课（二）

——史家防疫集结，党员报到

（2020年2月11日）

在这个特殊的假期里，面对突如其来的防疫战斗，洪伟书记、王欢校长带领集团全体干部构筑起史家防疫"堡垒"，每一位干部就是"堡垒"的中坚。他们独当一面，凝聚部门教职工的力量，共同为学校、学生、教师撑起一面抵御疫情的防护墙，使史家的"免疫系统"迅速运转起来。

一、学生发展中心

自1月26日起，按照学校工作部署，学生发展中心成立了"延期开学不停学"工作小组，以洪伟书记、王欢校长为组长，带领各校区的执行组长、教学干部召开两次现场研讨会和四次网络视频会议，对延期开学不停学期间的课程实施作了顶层设计：成立职能小组、制定工作流程、定位课程目标、构建课程框架、设计实施路径。自2月1日起，学生发展中心在集团顶层设计下，开始组织各学科教师进入备课、磨课、录课阶段。各部门领导更是精益求精，认真审核每一节微课。为确保学生能够在2月17日通过网络平台看到具有史家特色的优质课程而做好一切准备工作。

二、教师发展中心

按照集团"延期开学不停学"工作安排，老师们要在2月10日前完成所有课程的录制。短短 6 天时间，不仅要写出脚本，还要收集素材，制作 PPT，录制课程，真是时间紧、任务重、责任大！此时，干部站出来了！崔旸和陈纲两位主任积极主动摸索录制网课的方法。各部门领导、各教研组长也是第一时间带领老师们确定教学目标及教学内容。仅用了 24 小时，史家教育集团"和谐课程"1.0 的课表就推出来了。随后，韩巧玲副校长、郭志滨主任、王静主任等几位领导更是率先示范，带头尝试录课。各部门成立了若干备课组，共同打磨教学设计、录制微课，再由二级审核小组层层把关。这 6 天，是史家人彻夜不眠的 6 天；这 6 天，是史家人群策群力的 6 天；这 6 天，更是史家人团结奋战的 6 天。因为老师们深知：在疫情面前，"当需要一个人站出来时，那叫勇敢；当一个团队挺身而出时，那叫担当；当一个国家身处逆境、呼唤一种精神时，那就是使命、就是信念"。这就是史家人的写照！

三、战略发展中心

战略发展中心从接到"疫情统计"到"疫情防控宣传"再到"延期开学不停学"等任务，全体党员干部一起统筹安排，制定战略，做好规划，特别是应对紧急突发情况时，大家勇于担当，各负其责，相互配合。其中，发展研究部王伟、中心金少良同志完成了对外宣传稿件的撰写；德育部李娟副校长、张均帅主任、大队辅导员冯思瑜带领部门 8 位党员每天组织班主任统计全校学生情况并上报，做好学生疫情防控、健康居家、心理疏导、家庭教育等方面的引领；宣传部闫旭同志在党总支的带领下，联合各部门保证在"史家防疫集结"公众号上每天至少推送一期新闻报道。战略发展中心十几名党员无论什么时候都能靠前站！若干年后，当回顾这场疫情时，我们不会只有"中国加油，武汉加油"的声援，更多的是在这场战"疫"中，我们坚定了入党的初心与使命，懂得了听从指挥服从安排就是大义，树立了团结合作、众志成城的信心，还有那永远割舍不了的家国情怀。

四、品牌发展中心

自 1 月 22 日接受向市、区教委上报疫情数据统计的工作开始，范汝梅副校长组建数据统计组、信息上报组、外聘教师组、非一线工作人员组等，带领信息上报组各部门主管领导、校医、电教老师们，每天上午统计 4800 多名学生、教师、职工的信息，追踪每一名学生和教职工的行动踪迹，确认相关信息，14：00 上交市、区各项统计表，累计上报信息两万余条。严谨、精细的工作态度和完善的流程，确保所有信息准确。至今，仍保持上报及时、数据准确。范汝梅副校长在放假前不慎摔伤脚部，但她坚持边养伤边工作，克服个人困难，和数据统计组老师们调整每天的午饭时间，确保及时完成各项统计上报工作。

作为品牌中心负责人，范汝梅副校长这样号召史家"十金品牌"的负责人："金牌项目是学校的品牌，要有金牌的温度、金牌的亮度，在这场疫情面前要有我们的教育态度和表达！在这特殊时期，各项目要发挥自己的特色，向学生和家长甚至社会发声。让我们在特殊时期，继续摸索培养学生的金子品质。"

五、督导评价中心

1 月 26 日，根据集团部署，成立了以南春山副校长为组长，史家、实验、七条三校区办公室主任为组员的政策传达方案制定组。5 位党员组成了一支团结的队伍，大家从四面八方赶到高年级部，做好个人防护的同时，全身心投入对方案的修改和制定之中。为确保全集团师生的安全，大家各抒己见，字斟句酌每一个细节描述。经过集团领导集体审议，几经修改，最终形成集团防控疫情工作方案。团结就是力量，凝聚众人智慧的方案为集团打赢此次防疫战打下了坚实的基础。

六、行政服务中心

行政服务中心在特殊时期做好"四服务"。中心主管李大明主任召开集团行政服务中心防控工作部署会，传达上级防控工作会议精神，制定集团各校区后勤防控具体实施方案。李大明主任还陪同王欢校长到集团七校区进行防控、安保、卫生检查。同时，他作为工会主席，倡议集团各校区工会主席组织试唱《致敬！奋战在一线的白衣天使》和元宵佳节祝福白衣战士活动。集团办公室主任李丽霞迅速开展各类行政办公工作，协助拟定集团防控方案，使防疫工作明方向、清流程。部门其他党员顾国威、傅娜娜、肖润各自克服孩子小、家里负担重的困难，第一时间参与、第一时间就位、第一时间完成每一项工作，做好特殊时期服务学生、服务教师、服务学校的工作，守好特殊的阵地，发挥党员的作用。

七、一年级校区

疫情即战情，党支部的号召就是命令，党员干部就是冲锋陷阵的先锋！

乔红副校长每时每刻关注师生的各项数据统计情况，组织老师们做好个人防护；和老师们一起备课，研究说课稿，为"延期开学不停学"做好充分的教研准备工作。

张冀兵主任在疫情发生后布置校区封闭管理、统计食堂人员健康信息、做好未到校人员的疫情防控政策宣讲，积极做好开学前集团后勤保障工作方案的制定和落实。

防疫无小事，细节见成效。赵慧霞主任面对时间紧、汇总工作量大等防控信息统计工作，每天工作到深夜成为常态，就连大年三十也不例外。督促家长和学生在家进行体育锻炼，及时把"亲子操"的视频发给班主任。组织一年级学生进行"防疫"宣传，收集感受。

八、二年级校区

二年级部党员干部带头认真落实疫情防控各项工作要求，宋菁副校长与后勤白清池老师组织安排好校区的物业人员，确保校园安全；积极对接办事处和社区，按时准确完成数据统计和信息上报工作。带领大队辅导员王晔一起调整工作方式，通过网络与北京奥运博物馆进行沟通交流，为新学期工作做好准备。作为党员干部，王晔边完成校区任务边准备录制东城区少先队活动网络课，做到哪里需要就出现在哪里。

闫欣、周霞两位主任带领老师们积极投入"和谐课堂"的筹备和录制中，一遍一遍反复撰写、修改教学设计，录制视频。几天来，他们不分白天黑夜，经常备课、交流到深夜，第二天再进行完善。组长、党员教师和青年教师冲锋在前，积极承担工作。

九、七条校区

"众志成城抗疫情，危难时刻见担当。"七条小学党支部全体党员干部第一时间采取行动，每日统计并上报师生情况。吴玥副校长带领朱锡昕、李阳、牛东芳等党员干部教师进行数据统计上报，为了保证数据的准确性，每天付出十倍、百倍的时间了解每一名教师和学生的现状。王秀鲜主任带领史亚楠、王潇雨、马婧、梁红等党员同志为有学习困惑的学生答疑并安抚有顾虑的家长，同时做好网课录制工作，以应对开学后的线上教学。

"认真履职，用心育人"，这是七条支部党员面对疫情时的一句庄严誓词。"关键时刻党员上。我是党员，我报到！"在这场没有硝烟的"战争"中，学校党员用实际行动将鲜红的党旗插在了抗击疫情的最前线，让党徽在胸前更加闪亮！

十、实验校区

2020 年春节即将到来之际，一场抗击疫情的战役也拉开了序幕。金强副校长带领疫情防控领导小组，用最快的速度制订出防控工作计划并部署工作。高金芳主任和马淑芳主任主动承担起数据统计的任务，自1 月 22 日起，她们坚守岗位，不仅要汇总各组上交的数据，还要随时在线解答老师们的问题。支委张振华老师演唱《致敬！奋战在一线的白衣天使》，用歌声号召大家为武汉加油，为中国加油。

在干部们的带领下，党员教师主动作为。柯凤文、周婷二位组长停下旅行的脚步完成统计信息任务；梁彤老师、朱玲主任坚持每天与从武汉返京和滞留武汉的学生沟通；徐艳丽、王滨、王大贵老师参与社区服务……史家实验校区党员们用实际行动书写着共产党员的初心和责任。

"群动党建，聚力史家"，正是有了一位位以总支为核心、以集团校区工作为着力点、主动作为的先锋党员，史家的这次防疫战斗得以迅速、全面、高效开展起来，"关键时刻党员上。我是党员，我报到！"这不只是一句口号，更化为实际行动，为史家的"免疫系统"注入无限动力。

关键时刻党员上，我是党员，我报到！

——听党员榜样讲微党课

（2020 年 2 月 13 日）

2 月 11 日，史家教育集团党总支书记洪伟代表集团在东城区教育系统电视电话会上，以"大疫当前　大义在肩"为题汇报防控工作，强调"强化政治担当，构建党建堡垒的'硬核'"，站好党员干部"先锋岗"、吹响党员群体"集结号"。

自 2 月 9 日党总支发起"史家教育集团疫情防控党员网上宣誓"以来，全体党员迅速响应，党员教师不仅在网上宣誓"认真履职，用心育人，培育家国情怀，践行立德树人。用实际行动践行入党誓词，践行党员教师的初心使命"，还在党员群中自发接力再次报到，表达"关键时刻党员上"的决心。

史家"群动党建"通过建设好党员群，在学校工作中激发党员的群动力，使"群动"的拓张性与教育"辐射"的扩展性同构，实现党组织对落实立德树人根本任务的领导和推动作用。在这一特殊时期，史家党员教师发挥先锋模范作用，以学生为关注点，组织开展各种教育活动，让这场突如其来的疫情成为教育的契机，让我们的家国情怀教育与真实世界时时相连，让党组织提出的彰显史家教师"党员"政治本色、"教师"育人角色、"史家"立德特色的要求，落到实处。

自 1 月 22 日疫情防控工作开展以来，史家党总支书记洪伟坚守集团防控岗位，与王欢校长一同全面着眼、整体部署，确保各校区落实防控方案及延期开学不停学方案，确保人员数据统计、防控工作宣传等工作有序开展。各个工作组群中都能看到他们的细致叮嘱、留言回复……从清晨到凌晨，在线工作交流几乎没有中断过；从凌晨到清晨，三四个小时的睡眠支撑起新一天的防控工作。作为党员，洪伟书记以身作则，发挥先锋作用。他发布党员倡议书，开讲网上微党课，关心有困难的党员，还走进《老师请回答》的录制现场，解答家长和学生关注的问题，用实际行动践行着"关键时刻党员上"的承诺。

听党员讲微党课

2月6日，史家教育集团的"延期开学不停学"备课活动正如火如荼地进行着。就在此时，英语部崔旸主任接到了中央电教馆的英语网络课程录课任务，需要录制人教版 PEP 教材三至六年级的 48 节英语课。时间紧、任务重，第一个反应就是"我是党员我先上"。

很快，组内 13 名党员积极参与，8 人承担备课、找素材、录制工作，5 人做幕后支持。一个 13 人的"战斗堡垒"就这样建立起来了。

老师们身兼校内录课和中央电教馆录课两项任务，全新的操作方法、紧张的时间节点，对大家来说是一次重大挑战。但大家二话不说，拿起手机、电脑就上阵。视频会议时，传来孩子的哭声，那是一岁多的宝宝饿了；凌晨 3 点，手机发出振动的声音，那是同伴们分享录制技巧。

特殊时期，英语部的党员教师用实际行动践行着"关键时刻党员上，我是党员，我报到"的承诺。

英语党小组

我一直认为，党员的"先锋性"体现在"想在先、做在前"的主动自觉意识上，当疫情来袭，我首先想到的是我的学生。在防控疫情的严峻时刻，我带领史家金帆书画院向全校同学发起倡议：拿起手中的画笔，讴歌奋战在战"疫"一线的医护人员和各界人士。孩子们热情高涨，踊跃参与，用一幅幅饱含深情的图画向社会传递温情与关爱，让爱心接力传递希望之光。

科任学科党支部　李　阳

2020 年的寒假，因为新冠肺炎疫情而显得分外漫长。作为教师，我不能像医护人员一样冲锋陷阵，也不能像科研人员那样研发药物，但身为班主任，又是党员，我有责任在后方安抚好祖国的未来，让孩子开心宅家，减少疫情扩散。

作为"紫禁杯"班主任，我一直致力于通过班级活动进行浸入式教育。这个特殊的假期，孩子们最关心什么？最需要什么？知道应该做些什么吗？我的脑海中这一连串问题接踵而来。于是，带领孩子们设计超长假期计划，通过多种活动，保持身心健康成为我设计这次活动的主要目的。从除夕开始，我的班级公众号正式运行。我先抛砖引玉自创顺口溜宣传健康自护，然后组织孩子自己及早规划超长假期生活，让"宅在家"变得有意思；组织网上晒全家福、元宵节联欢，增进亲子感情；最特别的是召开了一次网上中队会，全新的形式、丰富的内容，受到了队员们的欢迎，还吸引了不少家长的关注。我让队员们在群中与小伙伴充分交流，给宅在家的生活增加了互动沟通的乐趣……每天的任务单成了每一个家庭的生活指南。"读书吧""锻炼吧""劳动吧""读诗吧""书写吧""折纸吧"等专题活动有序推进，让学生的一日生活有规律。疫情当前，我要守护好我的学生、我的班，守好我的"战场"！

语文学科党支部　陈玉梅

自发生新冠肺炎疫情以来，一批批自愿请战、勇赴一线的白衣战士让我们泪目。全社会都在致敬英雄。作为一名班主任，我了解到我们班就有好几位学生的家长自疫情发生以来，一直坚守在工作岗位。英雄就在我和学生的身边！

元宵佳节，我组织学生以色彩丰富的贺卡、造型可爱的手工作品、最美的笑脸向白衣天使致以节日问候。身处"战"疫一线和正在"备战"的医护人员家长们，则通过一封封特别的家书，告诉班级大家庭的孩子们什么是责任、担当、心有大爱。就像邓家麒的妈妈说的："大家都说医护人员是最美的逆行者，在这个疫情严重的时刻，义无反顾地走向疫情严重的武汉，走向病情最重的 ICU。但是在我看来，这不是逆行，而是前行，朝向希望的远方，奋勇向前。"

作为一名党员教师，党之大计、国之大计的实施者，我们要让孩子们在风雨过后，记住战"疫"中团结一心、公而忘私、恪尽职守的英雄们，始终保有为了祖国和人民不断前行的精神力量，让他们像英雄的爸爸妈妈一样，守住中国魂，挺起民族脊梁。

遂安伯小学党支部 徐 虹

与往年一样，刚刚放假，我就联系社区书记，向他报到。可没想到，等来的不是服务邻里的活动，却是一场突如其来的新冠肺炎疫情。2月1日，社区在职党员群中，书记通知因社区加大防控力度，社工人手不够，需要在职党员报名。疫情就是命令，防控就是责任。我当即报名，成为第一批在职党员志愿者，参与社区疫情防控工作。

小区来往的人虽不多，但我依然认真地审视着进入小区的每一个人。看，这边来了一位拉着箱子的男士，正急匆匆地往楼门走。"先生您好，请您测量一下体温并登记一下个人信息，谢谢！"我面带笑容地说完这句话，拿起手中的体温枪开始测量。"36.7℃，您的体温正常。"我一边反馈着体温测量结果，一边开始和他拉起了家常："您这是刚从老家回来？""您老家是哪儿的？""现在西站出站的时候是不是也有体温检测？"……话虽不多，但我已经基本摸清了这位先生的返程路线。我的工作得到了社区党支部的高度认可，并被"朝阳门外"和"朝阳组工"公众号报道。

近日，自接到支部转发的教工委关于党员教师回社区报到工作的通知后，我又第一时间跟社区书记联系，虽然不适合在社区一线工作，但我可以申请承担电话、网络等远程服务。组织有需要，党员有回应，我时刻准备着！

语文学科党支部　车　雨

我是数学教师邢超，我的妻子也是史家小学的一名班主任老师，任教语文。面对突如其来的新冠肺炎疫情，我们时刻关注党和国家以及上级教育主管部门的明确指示。她虽然不是党员教师，但在这场没有硝烟的"战斗"中，班级就是我们的战场，传递坚定的信心、稳定的情绪、积极的心态，就是我们的使命与担当。

有趣的是，公众号"数与邢"本来是我和学生、家长一起聊数学的网上课堂。但在 1 月 28 日，跑题的公众号文章——《人人追捧的"N95 口罩"到底是什么？一起科普一下！》却受到了大家的热烈欢迎。这说明家长和孩子都对这次疫情有着充分的关注和重视。作为史家小学的班主任，我们更有责任在第一时间把重要的信息传递给孩子们和家长们。

行政后勤党支部　邢　超

篇幅所限，不能一一详尽展现史家党员教师"大疫"当前、"大义"在肩的担当作为，一幅幅画面、一次次活动、一节节微课的背后，是每一名党员对"让党旗飘扬在战疫第一线"的坚定执行，是对"一个支部一座堡垒""一名党员一面旗帜""一枚党徽一生承诺"的忠诚履行，是一名共产党员对忠诚于党、忠诚于人民、忠诚于教育事业的执着践行！

我们是史家党员，我们报到！

第二节

行政决策
保落实

共绘史家同心圆　同筑防控安全墙

（2020 年 1 月 31 日）

　　"疫情就是命令，防控就是责任"。自新冠肺炎疫情发生以来，史家人响应国家、市区政府和教育部门号召，高度重视、高度关注、积极行动，在王欢校长和洪伟书记的领导下，把思想和行动统一到党中央决策部署中，本着"守土有责、守土尽责"的责任担当，以保护师生健康、守护校园平安为目标，全员、全时、全方位投入防控工作中。坚决贯彻落实上级各项重要指示精神，结合学校工作特点，做好集团整体部署。以集团班子为核心，研究集团防控重点，制定防控工作方案。压实防控责任，落实到人。以最高标准、最佳质量认真履职，全力以赴、坚定不移地做好防控工作，杜绝工作失误；统筹全体干部组建工作组，将各校区各部门教师、学生工作串联起来，落实集团部署；发挥教师群和学生、家长群的作用，做好宣传、统计等工作。

一、集团班子绘出史家防控同心圆

　　为做好史家教育集团疫情防控工作，在王欢校长和洪伟书记的组织下，成立了集团疫情防控工作领导小组，校长、书记任组长，全面负责防控工作及指导各工作组高效开展工作。集团领导小组指导各校区成立"防控工作小组"，包括"数据统计上报组""延迟开学网上教学组""政策传达方案制定组""卫生防疫后勤保障组"等，明确组织架构，制定工作流程。在疫情防控期间，由集团统一制定方针政策、措施、标准等，各校区各工作组实行属地管理，责任到人。

二、史家教育集团应对新冠肺炎疫情防控工作大事记

2020 年 1 月 22 日，王欢校长参加东城区教委防控工作会。会后组建史家教育集团发热疫情工作组，除校长、书记外，集团副校长、各校区执行校长、医务室老师、办公室主任等进群，每日上报师生情况。

1 月 23 日，王欢校长在集团干部工作群中发布通知，即日起每天关注工作通知。部署各校区统计汇报武汉籍学生在京或回武汉情况，并要求各校区各部门安排专人负责每日统计、上报师生身体情况。

1 月 24 日，洪伟书记参加东城区教育系统防控工作部署会，会后传达东城区委常委王清旺部长、教工委刘藻书记、教委周玉玲主任讲话及传达市区政府和教委工作精神。集团副校级以上干部参加视频会。集团拟定通知，下发各校区各部门教师工作群；统计师生已出京和拟出京人员信息。

1 月 25 日，洪伟书记参加东城区教育系统防控工作部署会，东城区委常委王清旺部长、教工委刘藻书记、教委周玉玲主任分别传达市区政府和教委工作精神。洪伟书记第一时间向集团干部传达并部署工作。集团拟定通知，下发各校区各部门教师工作群；统计师生已出京和拟出京人员信息。

1 月 26 日，集团副校级以上干部参加区教育系统两委组织召开的春节期间教育系统疫情防控工作部署视频会。会后组建集团及各校区专项工作组，向全体教职工下发《史家教育集团应对新型冠状病毒性肺炎疫情应急工作方案》《致史家教育集团全体教师的一封信》。

1 月 27 日，召开史家教育集团防疫工作专班会部署近期主要工作。讨论制定《史家教育集团防疫工作管理架构》《史家教育集团新型冠状病毒感染的肺炎防控工作方案草案》，组织集团全体干部在工作群中进行讨论修订，并要求各工作组制定工作流程图。

1 月 28 日，转发教育系统两委下发的通知，号召全体干部、党员全力以赴投入防控工作，坚决打赢疫情防控攻坚战。教学干部召开延期开学授课方案研讨专题工作会。

（一）政策传达方案制定组

以南春山副校长为组长，史家、实验、七条三校区办公室主任为组员。结合区教委下发的防控方案，召开专题会议，制定务实、有集团特点、可操作的史家教育集团防控方案，提交集团领导小组审议修订，最终成文。集团防控工作以《史家教育集团应对新型冠状病毒性肺炎疫情应急工作方案》为指导，有序推进。

（二）疫情上报信息组

以范汝梅副校长为组长，各校区学生、教师、非一线工作人员、部门负责人为组员。梳理上级下发的每日上报要求，制定规范的集团上报内容，指导各校区发挥教职工工作组、学生工作组作用，对集团内身处各地的 166 个班 6806 名学生和 560 名教职工逐一摸排情况，进行健康状态、出返京信息的统计，汇总后及时向教委上报。每天召开各校区防控小组电话会议，总结当天上报出现的问题，及时发现问题并进行调整。

（三）延期开学不停学工作组

以韩巧玲副校长为组长，各校区教学干部为组员，针对"延期开学不停学"工作研究制定集团实施方案，已完成适合史家教育集团学生在延期开学期间的教育教学实施方案（草案）。课程的构建与选择旨在通过研究性、开放性等学习方式培养学生的综合素养。

（四）卫生防疫后勤保障组

以李大明主任为组长，各校区学生、教职工负责人为组员，制定卫生防疫工作流程以及开学后防控预案，要求所有后勤人员上报动向和每天身体状况。要求各校区值班干部教师做好巡视和记录，安保人员守好校园，禁止外来人员入校。

（五）宣传组

以张怡主任为组长，各校区新闻宣传负责人为组员，制定集团新闻发布、宣传工作方案，就集团各项工作以及教师、学生、家长关注的问题进行公布与宣传。

三、史家胡同小学、遂安伯小学筑起疫情防控安全墙

1月22日，在上级教委的领导下，在王欢校长、洪伟书记的全面部署下，史家胡同小学、遂安伯小学成立了多个防控工作组，迅速开展工作。

以李丽霞副主任为组长的政策传达方案制定组，第一时间研读教委和集团下发的防控方案，让全体组员及时了解形势及上级工作精神，宣传、落实集团方案。

以范汝梅副校长任组长的疫情上报信息组，根据教委下发的统计表，及时通知教师与家长，确保每日准时、准确向教委上报信息。8天以来累计整理15000条师生数据，上报表26份。做到上报各类信息及时准确。

李娟副校长带领学生工作管理组制定部门方案、规范流程。指导年级主任带领106名班主任对全校学生进行摸排统计。管理组统一撰写致班主任及家长的通知，确保班主任、学生、家长高度重视并顺利开展每日上报统计工作。

陈燕副校长带领教师工作管理组，分析统计教师信息工作的经验，迅速制定《史家小学应对新型冠状病毒性肺炎疫情教师信息上报组工作职责》，明确分工和责任。

韩巧玲副校长带领的延期开学不停学工作组，结合集团制定的延期开学期间的教育教学实施方案（草案）进行分析研讨，结合课程框架和内容，具体研究实施途径。

李大明主任带领卫生防疫后勤保障组做好假期校园安全巡视、值班

记录，落实平安校园行动。同时，对于后勤工作人员，与相关公司及其本人做好联系，了解人员流动情况，实施每日身体状况上报。

闫旭副主任带领宣传组落实集团宣传方案，多方了解校区工作，及时宣传。

史家一、二年级、高年级部、课程资源中心等各校区严格执行集团防控工作小组的工作要求，坚定信心，科学防控。

截至1月31日，我校全体教职员工及学生零确诊、零疑似。史家胡同小学、遂安伯小学在特殊时期将以坚定不移的信心、同舟共济的决心、守护师生的爱心和严格要求的责任心一起努力，坚决打赢疫情防控阻击战！

心牵挂　爱相随

——致全体学生、家长和教师的一封信

（2020 年 2 月 2 日）

亲爱的同学们、家长们、老师们：

好久不见，甚是想念！还记得结业式后，我们相约开学见。却不料，我们的约定因新冠肺炎疫情而延期了。

我们在为疫情扩散而揪心、为英勇的白衣天使而感动的同时，更加牵挂的是你们！身在各国、各地的同学、家长和老师们，你们好吗？

当一条条报平安的信息传回来时，我们的心稍稍安定下来——

不论你们身在北京家里还是湖北家中，只要你们健康平安，我们都无限欣慰。因为种种原因不能及时返家的同学、家长和老师，你们是我们最牵挂的人，愿你们平安归来！

当一张张你们的照片传回来时，我们的心越发安稳下来——

你们在家读书习字、学做家务、锻炼身体，与亲人在一起，与爱在一起，这时候的你们一定很幸福。爱，给了我们战胜一切困难的勇气和力量。走进史家门，便是一家人。最爱的家人，愿我们心心相印，以爱为桥，共同跨过这道难关！

当一个个特色活动的消息传回来时，我们的心晴朗起来——

不论是在学校还是回到家，老师们始终都和同学们、家长们在一起，应对特殊情况，创编特别活动。于是有了一次次"悦读经典"交流、一幅幅"武汉加油""战胜疫情"的画作、一首首抗"疫"童谣和诗作、一段段"祝福武汉""守护健康"的视频……同学们，在老师和父母的引导下，你们调节情绪、抒发胸臆，愿你们再接再厉，与爸爸妈妈、老师进行良好沟通，保持"宅"在家中好心情，传播爱的正能量！

特殊时期，我们不能如约见面，但是，我们的心始终在一起。班主任每天的问候、科任老师每一项居家活动建议、家长每一次亲子陪伴，都是在告诉彼此：请相信，你的身边一直有我！

东城区两委和教育系统两委的各位领导们更是心系每一位同学、家长和老师。自从疫情发生以来，上级领导多次召开专班会议研究，专人对接学校，从传达、解读上级文件精神，到指导学校整体工作部署，提示关注师生身心健康，可谓无微不至。今天，两委领导给全区学生、家长和教师分别发来一封信，再次传递对我们的关爱，希望大家认真阅读，努力践行。

史家教育集团

2020 年 2 月 2 日

最是吃劲处　正到决力时

——史家教育集团洪伟书记、王欢校长防疫工作访谈
（2020 年 2 月 25 日）

　　2020 年 2 月 23 日，习近平总书记通过电视电话会的形式给全国十几万名县团级以上干部开了工作会，也可以说是上了一节在线党课。这次非同寻常的工作会后，北京市和东城区第一时间召开电视电话会议，组织集体学习。史家教育集团洪伟书记和王欢校长在聆听区委教工委书记刘藻、区教委主任周玉玲传达市区专题会议精神，并结合教育系统工作实际、分析部署近期工作要点后，深感责任之重。于是他们迅速反应，组织召开史家党总支委员和集团全体行政干部会，开展线上理论中心组学习。

　　理论中心组主持人： 新冠肺炎疫情来袭，众多史家教师假期中放弃与家人团聚、亲友叙旧，争分夺秒、夜以继日地投入防控一线。一个多月以来，集团防控工作一直在蹄疾步稳、扎实有效地推进之中。在抗击疫情的关键时刻，你们在线学习了直达基层、直抵人心的总书记重要讲话，有什么感受能和我们分享吗？

　　洪伟书记： 习近平总书记在统筹推进新冠肺炎疫情防控和经济社会发展工作部署会议上发表重要讲话，向全党全军全国各族人民发出"不获全胜决不轻言成功"①的胜战指令。在 2 月 12 日召开的中央政治局

---

① "习近平在统筹推进新冠肺炎疫情防控和经济社会发展工作部署会议上的重要讲话"，《光明日报》，2020 年 2 月 24 日。

常务委员会会议上强调：统筹做好疫情防控和经济社会发展，既是一次大战，也是一次大考。这正是此次大会的鲜明主题，也是战胜疫情的当务之急。

王欢校长：作为教育系统基层党员干部，我们在线学习了总书记就全民战"疫"作出的重要指示。深入学习大会精神，我们要在认真总结前一段疫情防控工作经验的基础上着力抓好当前疫情防控重点工作，统筹推进疫情防控和经济社会发展工作，加强党对统筹推进疫情防控和经济社会发展工作的领导。特别是我们要准确把握教育战线的当前形势，切实增强首都教育的大局意识，紧密结合学校育人的实际需求，增强信心，坚定信心，把"延期开学不停学"抓紧抓实抓细，为新学期正式开学做好各项准备。

理论中心组主持人：书记和校长的切身体会，让人深刻感受到领袖号召力和基层贯彻力。我们相信，史家人大疫当前有大义、歼疫关头更坚毅，一定会把接下来的工作做得更加扎实有力。那么，集团在疫情防控中形成了哪些需要继续坚持的经验做法呢？

洪伟书记：我们始终坚持党建引领疫情防控工作，重组织、重统筹、重育人、重保障、重宣传，特别是号召全体党员教师集结带领学生、家长、教师三支队伍共同抗击疫情。党员教师牢记为党育人的使命、强化为国育才的担当，以坚如磐石的家国信仰让党员与教师两个身份相映生辉。具体地讲，一是史家党员教师带头彰显"党员"政治本色，关键时刻立得住脚、挺得起身、冲得上人，按照集团第一时间制定的疾控工作方案，积极配合各中心、各校区、各部门开展排查、统计、防控工作，充分体现了集团"群动党建"中群策群力、群防群控的内在要求。二是史家党员教师带头彰显"教师"育人角色，不仅示范带动班主任、学科教师和社团教师做好值班值守，还凝聚全体教师共同创设在线"和谐课堂"，在战"疫"紧要关头进一步激发孩子们关爱社会的巨大行动力，充分体现了多元群动、和谐共治的集团办学生态及由此不断生发的教师发展内动力和学生成长主动性。三是史家党员教师带头彰显"史家"立德特色，在"延期开学不停学"的史家教育能量场中引导学生直面现实、正视困难，深入思考人与自身、家人、他人、社会、自然的层递和谐关系，通过以家国情怀为底蕴的系统育人为孩子的生命打下和谐的成长底色。

王欢校长：在党总支统领下，战"疫"时期集团育人工作更加注重突破边界、融合资源，在学校与家庭、书本与社会、线上与线下的互通互构中着力促进学生健康成长。特别是"延期开学不停学"阶段，我们多措并举、多向关联，引导教师轮班办公、尽责有为，确保学生居家学习积极充实、平稳有序。具体地讲，一是党政联手铸同心。书记和校长联名致信集团教师，激励全体史家人迎难而上、聚力而为，在特殊时期扎实推进立德树人的根本任务。我们在信中强调，大疫当前，教师凝聚起来，孩子就能凝聚起来，千万家庭就能凝聚起来，中华民族就能凝聚起来，举国一致、齐心一力、战胜一切！二是家校连线谋共识。开通"校长热线"，每天一位行政干部值守热线，及时解答家长居家教育的困惑和学生居家学习的问题。同时，我们在热线中向家长重点讲述，集团帮助学生突破"书本知识就是全部世界"的认识局限，让疫情成为学生成长的教科书，引导学生开启居家学习新模式。三是师生联网倡综学。"延期开学不停学"期间，让孩子们在基于"课程超市"供给体系的"和谐课程"中自主安排、自主学习、自主成长。丰富多彩、深受学生喜爱的学习内容凝结着集团"志在家国、学无边界"的教育思考，多彩的线下实践活动彰显了孩子们在"五育并举"中的成长效应。四是教师联班强合育。在搭建由班主任组织的班级平台基础上，创设由临时党支部牵头带动的班级社区平台。班级社区由一至六年级相同班号的班级组成，让学生有更广阔的展示和沟通的空间。每个班级社区里都由5位党员组成的临时党支部协同一位行政干部及其他多位教师，主持参与学生分享交流并适时引导，用爱与智慧为孩子们开拓无尽的生命成长可能。五是校区联管促群治。快速架构信息化工作平台，指令联传、行动联调、档案联存，特别是在钉钉上建立贯通集团防控工作8个工作组、涵盖校区防控工作 3 个业务组的防控动态管理系统，及时传递信息、协调工作。例如，《史家教育集团延期开学期间教职工管理办法》第一时间制定并上传平台，工作组、业务组条块并举、纵横推进，将相关要求第一时间传达给各校区每一位教师。

理论中心组主持人：感谢书记和校长笃厚详细的经验性指导，我们觉得，这既是对史家防疫的精准导航，也是对集团育人的尽锐领航。当前，集团防控工作继第一阶段紧张的寒假战疫之后，已经进入第二阶段延期开学，并为第三阶段正式开学做准备。我们将在哪些方面攻坚发力呢？

洪伟书记：当前，疫情防控正处在最吃劲的关键阶段。在史家教育集团，我们要求，政策落实不能拖，数据统计不能松，家校育人不能倦，后勤保障不能懈，典型宣传不能断。特别是我们要明确民生是教育工作者最大的政治，以"咬定青山不放松"的韧劲、"不破楼兰终不还"的拼劲，把满足千家万户的教育特需落到实处、细处、深处。就在今天召开的东城区教育系统党政领导电视电话会上，刘藻书记和周玉玲主任传达区委会议精神时强调，当前仍要毫不放松地抓紧、抓实、抓细各项防控工作，统一行动，落实六项具体工作，齐心协力打赢疫情防控阻击战。我们必须毫不松懈地继续做好各项防控工作，护好"一校人"、守好"责任田"、把好"主阵地"就是我们每一个史家干部的使命与担当。

王欢校长：殷忧启圣，多难兴邦。我相信，在砥砺奋发的中国历史长卷中，新冠肺炎疫情犹如闪电划空，但天地是永恒的。古人说：故天将降大任于斯人也，必先苦其心志，劳其筋骨，饿其体肤，空乏其身，行拂乱其所为，所以动心忍性，曾益其所不能。我们的教育就是要让学生能够在身处困顿、挫而不败的生命成长中顶天立地、抵达永恒。在接下来的育人工作中，我们要进一步强化家国担当、凸显现实担当、增进未来担当，让每一个学生在自主学习中深入体悟"个人有限、家国无限""困难有限、行动无限""平台有限、成长无限"。特别是我们要让延期开学和正式开学的各项工作切实衔接起来,重点是做好疫情防控期间育人样态创新实践的深化与延展工作。具体地讲,要继续推进课内知识复习与"五育并举"整合、学校特色课程与国家课程整合、学生家居生活与课程学习整合、社会平台资源与学校课程整合,持续构建集综合性、实践性、探究性、开放性于一体的"博·悟"课程供给体系,将史家人初步探索的应急教育模式中闪现的生命之光、信念之光、科学之光、道德之光,倾情注入孩子们内驱力、生长力、学习力的层递形成过程,让孩子们在致敬民族脊梁、学习时代榜样的成长过程中思考起来、行动起来、坚强起来,为成为合格的社会主义建设者和接班人而积蓄强大的生命力量!

视逆境为生命馈赠，化磨砺为成长滋养

——史家教育集团延期开学工作再部署

（2020 年 3 月 12 日）

一、天下桃李　家国信仰
——书记、校长的一封家书

亲爱的同学们、老师们：

大家好！

经历超长寒假，冲破疫情难关，虽然现在仍然视频远程，但我们相遇相拥的日子更近了！

全国聚力战"疫"、家校连线同心、师生共克时艰，我们许多人用无畏无惧的防疫行动，书写了一个顶天立地的"人"字。人性高贵、人道温暖、人类尊严，我们身边到处都有笃志的、励行的、勇毅的"舍小家顾大家、安大家护国家"的人！特别是同学们居家学习成长的日日夜夜，小臂膀挽起大力量，小手掌托举大希望，既让我们深深挂怀，也让我们久久感悟——人字两笔，意蕴三重。

首先是心怀"国人"。在"志在家国"的和谐课堂中，许多同学由"经典阅读"联想起时代英雄，由"漫步国博"领悟到民族大义，由"品源至慧"激发出家国深情；许多同学用彩笔画出义无反顾的白衣战士，画出赶赴"战场"的人民解放军，画出千千万万的最美"逆行者"；许多同学用诗句表达"战疫有我"，用视频摄下"武汉加油"，用浓墨写就"中国必胜"！我们怀抱家国信仰、绽放时代光芒，将"人"字写得更加高大！

其次是情系"家人"。疫情暂时阻断了我们返校的脚步，却瞬时延展了家人相伴的心路。一方面,是"一家人"深情相拥。亲子共读、亲子共学、亲子共弈,在一段段无比温馨的阖家团聚里折射出和谐的代际融合。另一方面,是"史家人"真情相随。班级社区、师生并联、生生串联,在一次次无限惊喜的成长互动中流淌着同声相应的家校融合。从"国人"到"家人",我们将"国"之所向化为"家"之所求,也将"人"字写得更加稳固!

第三是身修"个人"。基于"学无边界"的课程超市,同学们每天都能自主选择、自主安排、自主学习。特别是同学们能够突破书本世界、打开世界书本,在迎战疫情中迎面成长。制订时间规划、撰写读书日志、开展居家锻炼、设计陀螺、绘制华容道……同学们将丰富多彩的线下活动与系统整合的线上内容进行多点衔接,并自觉聚焦个人修养的学习提升中。从"国人"到"家人",再到"个人",我们每个人都在为全民战"疫"贡献力量,并将"人"字写得更加挺拔!

人的价值,内蕴着成长的意义,决定了教育的追求。多年来,史家教育在社会主义核心价值观的三个层次中融贯"为民德、为人德、立身德",就是要让"国人、家人、个人"在育人行动中达成三位一体。我们倡导每个人都做"顶天立地的中国人"。头顶的天,是我们共同的国;立身的地,是我们共建的家。"顶天立地"就是家国担当。"顶天立地"就在我们的"五育并举"中,就在我们的六年同行中,就在我们的家校合育中。在我们的成长课程中,同学们懂得了自身管理、自我教育、自主发展,内驱力、生长力、学习力在每日每时的"抗疫情、论时事、谈家国"之际步步形成、层层递增。

艰难困苦,玉汝于成。史家人坚信,有家内心暖,有国格局大,所有逆境都将成为生命馈赠,一切磨砺都将化作成长滋养。同学们,家国春晖,天下梦想;天下桃李,家国信仰。愿你们踏平坎坷、大步前行,满怀信心地迎接新起点、新跨越!

史家教育集团书记　洪　伟

史家教育集团校长　王　欢

2020 年 3 月 12 日

为更好地解答同学们、家长们和老师们对于新学期的一些疑惑，集团贯彻落实北京教育系统疫情防控工作领导小组发布的《关于进一步做好 2020 年春季学期中小学延期开学相关工作的通知》，对下一阶段工作进行再动员、再部署。

二、防疫进行时　育人不停歇
——集团校务会综述

（一）"延期开学不停学"已经进行了一段时间了，集团积累了哪些好的经验？

"延期开学不停学"期间，集团坚持党建引领，按照"群动党建、聚力史家"的党建特色，群策群力、群防群控，取得阶段性的防控成果。在党总支领导下，集团稳步推进"延期开学不停学"工作，在家校共育的过程中实现了师生共成长。本着"超量供应、适量选择"的原则，构建了集综合性、实践性、探究性、开放性于一体的优质课程供给体系，创设了基于课程超市的线上"和谐课堂"。集团"班级社区"工作得到广泛赞叹。在"班级社区"体验学习过程中，由于年龄不同、基础不同、兴趣不同，孩子们时刻处在一个信息载量大、交流频率高、情感沟通强的成长时空中。特别是在这种自觉、自主、自为的异质群体交互中，孩子们形成了专注、绽放、自信的同质群体观念。

1 月 31 日起，史家小学、史家实验学校、七条小学的微信公众号组成集团宣传矩阵，连续发布防疫新闻宣传 61 篇，内容涉及政策解读、党建引领、课程构建、家校合作、健康生活、金牌社团、队伍建设等多个方面，呈现出党群、师生共集结，群情激昂、各尽其职的良好态势。集团各校区公众号阅读量共计 26.8 万次。在这一舆论阵地，我们强信心、暖人心、聚民心、筑同心，奏响了防控工作的"主旋律"，凝聚起众志成城、共克时艰的强大正能量。

史家教育集团校长王欢传达市区精神

（二）这一次抗击疫情引发的教育思考，对学校育人模式转型产生哪些影响？

近年来，史家教育集团积极推进育人模式整体变革研究，构建了"以家国情怀为底蕴的系统育人模式"。疫情之下，我们再一次对教育本质、育人规律进行深度思考，而这也将促使我们的育人模式转型从理念走向实践、从战略走向落地。

一是要进一步明晰育人导向。抗击疫情这场大课让我们对"具有家国情怀的和谐发展的人"这一育人目标有了更加清晰的界定。在学习知识之外，我们要让学生更多地能够从家国情怀乃至人类福祉角度出发，实现身心健康、科学精神、自主发展、责任担当等必备品格和关键能力的和谐统一。

二是要进一步引发学习革命。"停课不停学"期间，集团积极探索学生居家学习的"解决方案"，帮助学生实现学习场景的重构、学习价值的重塑以及学习获得的重思。下一步，我们将引导学生对学习方式、学习内容、学习工具进行不断反思，从知识训练的浅层学习转向思维建构的深度学习，从脱离实践的符号学习转向回归生活的真实学习，从教师主导的接受式学习转向内在驱动的无边界学习。

三是要进一步强化课程整合。在线"课程超市"可以看作一次对集团"无边界"课程体系的全面线上检验。从课程架构来看，"学科综合"和"综合学科"课程正在撬动整体课程转型，这也将继续成为集团"无边界"课程建设的基本方向。从课程内容来看，在一定程度上实现了"突出德育实效、提升智育水平、强化体育锻炼、增强美育熏陶、凸显劳动教育"这一建设目标。但是我们也要清醒地认识到，我们的课程建设距离更加强调育人整体性和完整性的"五育融合"和"五育并举"存在一定的差距，弥补差距将是我们下一步课程改革的重中之重。在课程评价上，结合"班级社区"运行成果，将继续完善"学生学习表现 AB 评价模式"和"学生学业成长树（24 点）标准"，从注重显性知识考核转向关注学生综合素养和学科能力提升，从以单次书面考核为主转向贯穿于整个学习过程的综合评价，从以单向评价为主转向家校协同的全方位评价。

史家小学党总支书记洪伟部署工作

（三）下一阶段，在线教学将作出哪些调整？

在课程目标上，从内容供给转向方法指导。以探究性、主题性、专题性、项目学习等方式，引导学生更多地关注学习计划的制订、学习习惯的养成、学习方法的积累、学习策略的掌握，总结解决问题的有效方法，提升学习能力和思维品质。

在课程内容上，从复习旧知转向新旧衔接。在线"课程超市"将进行微调整和微升级，"家校共育""影视欣赏""体育达人"课程保持不变,用"语文园地""数形启智""英语乐园""普法养德""科技探索""创意有佳""艺术天地"替换原有的课程主题,更加凸显学科背景下的知识梳理、学科特色的主题设计、学科素养的发展,让学生在复习旧知的同时为新知识学习做好内容衔接和知识储备。

在课程评价上,从成果展示转向成长反思。在每晚班级社区交流中更加聚焦学习成果的自我反思,引导学生从学习习惯、学习方法、学习技巧、学习策略、学以致用、问题解决等方面进行展示与分享。例如,借助思维导图综述学习内容、学案举例介绍学习方法、联系实际分享学习收获等。

(四)"延期开学不停学"期间,教师做了哪些准备工作?

学生"延期开学不停学",教师"延期开学不停研"。面对疫情,集团广大教师在寒假期间就进入工作状态,并在未来的工作中以史家学院、学科教研组、课题小组等为基本单位,在领袖教师带动下,围绕如下两个问题展开深入思考。

一是进一步反思教师角色。从指导学生角度看,教师应结合线上教学实践,以价值引领者、学习指导者、活动组织者、资源提供者等角色,本着更加专业和职业的态度做好立德树人工作。从自身发展角度看,教师应以学习者、领导者、研究者、合作者的身份,积极参与集团"教师领导型治理结构"建设,实现自觉的职业提升。

二是进一步思考育人价值。"延期开学不停学"让教师进一步思考知识学习与其背后的育人价值的内在关联。教师更应该意识到书本知识是"育人"的资源与手段,服务于"育人"这一根本目的。抗击疫情期间,教师可以从自身学科出发,引导学生运用各学科独特的符号系统、知识体系、思维逻辑和学科精神去应对实际问题,并在此基础上与其他学科产生开放性的联系。

(五)开学时间尚不明确,集团如何帮助家长缓解焦虑?

家校合作、家校共育是学生居家学习的可靠保障。"延期开学不停学"期间,集团将进一步关注学生在家学习期间的身心健康状况,指导家长做好家校共育工作。

对广大班主任，集团德育部将开展专题研究与线上培训，指导班主任对有特殊需求的家庭和学生，开展有效的家庭教育工作。面向广大家庭，集团德育部将继续做好"和谐课程超市"中家校共育部分的课程录制和课程推送，引导家长从孩子学业、情绪管理、身心健康、亲子关系、人际交往、家校沟通、家长角色、家长成长等角度进行课程学习，营造良好的亲子关系和家庭氛围。

（六）正式开学之后，面对新学期，如何做好衔接工作？

学生发展中心：德育工作将以"课程育人、活动育人、实践育人、文化育人、管理育人、协同育人"为主线，深化德育研究，聚焦德育品牌，进一步发挥家校育人合力。教学工作将以"固化经验、调整计划、精准施策"为主线，挖掘与固化这场战"疫"中的典型案例和育人成果，完善"无边界"课程体系。同时，精准分析学情，优化教学设计与课程设置，做好教学衔接，促使线上自主学习顺利转场班级现场学习。

教师发展中心：将围绕"延期开学不停学"期间育人成果，聚焦师德提升与师能养成。继续以"史家学院"为载体，强化课题引领与赛事驱动，继续加强教师"三群"建设，即骨干教师群、青年教师群、特需教师群，全面提升教师专业化水平，形成"互为领袖、互相追随"的发展格局。

督导评价中心：拟邀请区挂牌督学、社会第三方评价机构、社区工作者、各校区家长代表等群体，以多种形式全面复盘疫情防控工作，形成督导评价报告和相关指导性意见。此外，还将对一年级童蒙养正工作、集团品牌建设等工作展开专项督导，全面提升育人品质。

品牌发展中心：一是加强组织建设。深入调研品牌需求，为集团各个品牌给予针对性的政策支持。二是突出育人导向。发挥项目育人的功能和特色，探索面向"整体的人"的品牌项目育人模式。三是提升项目成果。落实项目课程建设、项目教师梯队建设，完成项目验收工作，持续提升项目育人品质。

（七）学校做好开学准备了吗？开学后，学校的防控措施有哪些？

行政服务中心：学生正式开学后，行政服务中心将本着"宁可备而不用，绝不能用而无备"的原则继续守好校园防控阵地，加大对人防、物防、技防的管理及投入，强化思想政治引领、增强服务育人意识，创设安全、健康、有序的校园环境。

疫情之下的学校治理

——集团校务会综述

（2020 年 3 月 17 日）

此次抗击新冠肺炎疫情，是对国家治理体系和治理能力的一次检验。对于学校治理而言，我们应该如何应对？2020 年 3 月 16 日，集团召开校务扩大会议，就当前疫情防控工作之下的学校治理与"延期开学不停学"工作进行深入研讨。

一、"班级社区"的价值体现

王欢校长和洪伟书记主持集团校务会（扩大）会议

（一）强化党建组织力

疫情，是对基层党组织"组织力"的一次大考。史家教育集团积极响应"把党组织建在最基层"的号召，开展"组织力"提升工程。

集团创新开展党员回"班级社区"报到工作，为 6 个年级相同班号的 29 个班级社区配备 29 个临时党小组，全面凸显党组织的号召力、战斗力、凝聚力，切实保障防控工作的顺利开展。

老师们表示，"当有老师身体不适无法完成社区值班任务时，党员教师充分发挥'我是党员我先上'的精神，主动承担起值班工作，共克时艰"。"有党员老师们的勇于担当和所有社区老师的支持友爱，我感觉一股股力量汇聚到班级社区中"。

（二）凸显教师学习力

"把小学办成教师成长的大学"是史家教育集团师资队伍建设的基本思路。在"班级社区"建设中，教师的学习时刻发生。教师学习更多的是在工作场景中发生。在这里，老师们向实践学习，例如有的老师对学生的作品反馈进行了数据分析，从数据中发现学生的成长；老师们向同伴学习，看到年轻教师利用先进的技术手段带来的学习效果，老教师主动学习相关技术，克服困难，一遍一遍地录制短视频，只为呈现最佳效果。"这几天的点评下来我感受最深的一个词就是'教学相长'，从孩子们的身上，我们看到了太多的闪光点，点评的同时也学到了很多"，有老师如此表示。可以说，"班级社区"不仅为学生创建了共享交流平台，更是为老师们创建了一个跨越学科边界、校区边界、师生边界的学习平台。

（三）增强家校育人合力

疫情，也是对家校育人合力的一次考验。"班级社区"的搭建以及线上"课程超市"的精准推送，使各个家庭开展更加科学、有序的居家学习和生活，将这场疫情危机转化为重塑亲子关系、重构家庭教育的良好契机，促使家校之间达成"理念共识、管理共谋、教育共为"的良好局面。有家长感言，"社区平台分享这一活动为学生打开了学习的另一扇窗，一扇曾经我们没有机会碰触或是忽略的窗"；"班级社区让我们这些家长也都跟着一起受益，衷心感谢史家教育集团做了一个这么好的平台，让我们能安心地、快乐地度过这段非常时期"。

（四）提升学校治理能力

按照史家教育集团"教师领导型治理结构"的建设理念，学校治理能力提升的核心要义是通过治理结构的调整实现权力关系的重构。其主体路径是构建教师专业共同体。其显著标志为"领袖教师"的不断涌现，从而最终达成"多元群动　和谐共治"的现代化治理体系。在"班级社区"建设过程中，我们看到这一治理模式逐渐从理念走向实践、从战略走向落地。

一是"班级社区"为权力关系的重构提供契机。

"管理"强调自上而下的垂直安排，而"治理"注重扁平化，强调上下互动的过程。"班级社区"建设则是一次打破垂直边界、促使管理重心下移的创新实践。例如，集团为每个"班级社区"配备一位行政领导，其角色在于服务而非管理，从而不断实现治理体系中权力关系的重构。"南校长在社区群里积极为老师们加油打气，排忧解难，他每晚都准时出席孩子们的分享，点评孩子们的作品。""在陈燕校长的提醒下，我们还设立了复盘机制，这为日后工作的提升打下基础。""高李英校长每天不光来点评，我们每天 20：30 还会开总结会，特别让我佩服的是，我想不到的、注意不到的地方，高校长都能想到，给我提醒，就这样社区活动越来越顺畅。"老师们如此评价。可以说，这一过程中行政领导也经历了角色的转变，从行政管理者转为教师成长的服务者。

二是"班级社区"为"教师共同体"建设搭建平台。

"班级社区"的有效运行依赖于其背后的"教师社群"的专业支撑。每个"教师社群"都秉承"给成长无限可能"的课程理念，为学生成长提供资源支持与专业引导。这个共享的价值观与行为准则使每个"教师社群"成长为"教师共同体"，而区别于"一群教师"。

三是"班级社区"为领袖教师搭建平台。

在史家教育集团，领袖教师更多的是一种专业身份，能够以自身的专业优势引领周边教师共同成长。在"班级社区"建设过程中，每个社区小组长教师都可以视为领袖教师，他们带领老师们研究学情、制订计划、调整方案、上传下达、反馈成长，保障"班级社区"的有效运转。同时，他们在集团校务会上积极传达一线教师声音，为学校治理结构调整提供鲜活的实践依据。

二、延期开学相关工作的总体要求

按照北京市、东城区关于延期开学相关工作的文件精神，全体史家人慎终如始，再接再厉、善作善成，继续按照健康第一、面向全体、"五育并举"、自主发展、家校协同的总体要求，做好各项工作。

一是坚持健康第一。要始终把学生生命安全和身体健康放在第一位，将促进学生健康成长作为首要任务。在这一过程中，引导学生加强体育锻炼、加强美育实践、加强互动交流、加强心理疏导，不断实现"五育并举"。

二是落实立德树人根本任务。继续坚持社会主义核心价值观引领，落实立德树人根本任务。把抗击疫情作为学生教育的生动教材，开展好"凝聚正能量　同心抗疫情"主题教育，引导学生坚定理想信念，培养学生爱党、爱国、爱人民、爱社会主义的思想情感，增强新时代中小学生的责任感和使命感。

三是坚持线上和线下相结合。将线上教育与线下学生自主学习、自主探究、自主阅读、自主锻炼、自主居家劳动充分结合起来。加强对学生学习计划、学习方法、学习工具、学习资源等的指导，让学生学会学习，形成独立学习的能力、自主生活的能力、自我规划的能力。

四是提高教师育人能力。强化师德师风教育，充分发挥榜样的示范引领作用，增强教师在延期开学期间教书育人的责任感。增强全员育人能力，充分发挥教师"四个引路人"的作用，做好学生的教育引导。同时，切实加强对教师的培训和指导，增强教师网络应用能力，提高在线教育课程的吸引力和育人实效性。

五是形成家校育人合力。加强与家长的沟通交流，让家长更好地配合学校做好学生居家学习生活教育。加强家庭教育指导，帮助家长提高亲子沟通能力，减少家长焦虑。关注家长特殊需求，提供有针对性的帮助和指导，尽可能帮助家长解决实际困难。

三、下一阶段工作再聚焦

按照东城区统一部署，集团将重点做好如下几项工作。

一是盘点一次工作小结，巩固现有成果，固化工作经验。

二是检查一次全口径工作流程，以疫情防控为契机，进一步明晰相关工作流程。例如，学籍管理、外聘教授管理、特殊需求家庭管理等。

三是调整一次开学工作方案。

四是摸排一次学生居家学习情况，确保每一个孩子的健康成长。

五是集结一次教师规范管理，促使教师日常学习活动、研究活动常态化、规范化运转。

六是调动一次整体工作进度，进一步做好新学期工作梳理，确保"折子工程"和各项"工作台账"顺利进行。

七是排演一次疫情后开学的流程，制定好开学后的工作预案。

八是思考一次应急机制预判，完善新闻发言人制度，做好舆情工作。

九是组织一次亲笔信撰写活动，组织全体师生与家长群体广泛参与，传递学习获得与育人思考。

总之，学校将进一步深入研判疫情防控时期的治理工作，并在建立常态化的危机应对机制的基础上，深入思考"后疫情时代"教育治理能力提升方案，不断完善集团"教师领导型治理结构"，全面提升教育治理能力的现代化水平。

勇做新时代的"劲草真金"

——集团校务会综述

（2020 年 3 月 30 日）

3 月 23 日，史家教育集团召开校务扩大会议，就前一阶段疫情防控工作进行阶段性总结，并就下一阶段工作进行了战略部署。

各校区执行校长汇报阶段工作

一、疫情防控期间，集团各校区干部应该如何担当作为？

本次校务扩大会议，集团各校区干部继续认真开展政治理论学习活动，并就疫情防控期间的干部职责进行深刻反思。面对突如其来的新冠肺炎疫情，越是艰难越显担当，越是艰难越能砺志，越是艰难越长才干，越是艰难越出成绩。通过本次政治理论学习，集团干部们纷纷表示要勇做新时代的"劲草真金"，靠前指挥、强化担当，做到守土有责、守土担责，坚守自己的教育阵地，迎难而上、勇于挑战、突破自我，凝聚起众志成城、共克时艰的强大正能量。

二、班级社区运行以来，学生获得哪些方面的成长？

为更好推进"延期开学不停学"期间的立德树人工作，落实"五育并举"，集团行政干部组成 5 个小组，分别对学生在班级社区 1~4 周的学习反馈进行梳理和归纳，力求发现学生在"延期开学不停学"这一特殊时期的成长点。

行政干部汇报"延期开学不停学"学生线上学习情况

（一）以"德"养责

史家教育集团按照"志在家国　学无边界"的育人方向，积极探索学生居家学习的"解决方案"，始终将立德树人这一根本任务放置于"延期开学不停学"各项工作的首位。家校共育、经典阅读、品源至慧、创意生活、漫步国博、艺术集萃、影视欣赏、体育达人等多个领域的课程设计聚焦学生必备品格和关键能力的和谐统一，引导学生关注疫情、关爱他人、关心自我，厚植家国情怀，不断增强爱党爱国爱人民爱社会主义的思想情感，实现社会主义核心价值观的培育，做顶天立地的中国人。

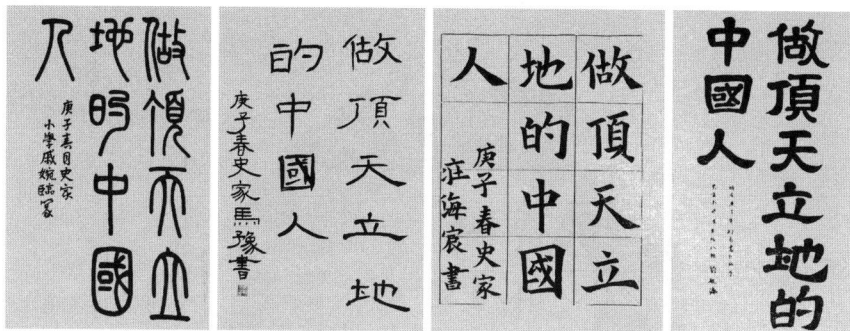

（二）以"智"育能

作为史家无边界课程的线上升级，在线"课程超市"将"学习习惯的培养、学习方法的积累、学习策略的掌握"作为智育的落脚点，促使学生自主学习能力、自主生活能力、自我规划能力的不断形成。例如，孩子们诵读经典、阅读名著、复习梳理语文上册知识，用自己喜欢的学习方式和策略，使学习效率最大化；孩子们在《品源至慧》中不仅了解了中国的传统文化，还跟随老师的讲解动手实践，运用数学知识制作出一件件精美且富有创意的作品；在英语阅读中，孩子们通过自己整理的思维导图将知识线索梳理出来，实现高阶思维的培养。在这一过程中，孩子们强化了学科思维、学科文化基础之上的多学科联动，不断增进创新精神与实践能力，获得无限的成长可能。

（三）以"体"强身

通过课程反馈我们发现，集团各个校区共计 29 个班级社区、166 个班、6000 多名学生参与居家体育锻炼，其中上交视频、照片展示体育锻炼的学生超过了 1/4。孩子们的体育锻炼呈现出参与度高、计划性强、涉及面广的特点。孩子们的居家锻炼情况充分展现了集团特色体育课程的建设成果，"健康第一"的生活理念得以全面落实，史家"健康基因"得以全面传承。不断朝着"增强身体素质、强健体格，启迪身心智趣、滋养性格，塑造坚韧勇敢、完善品格"这一集团体育建设方向努力。

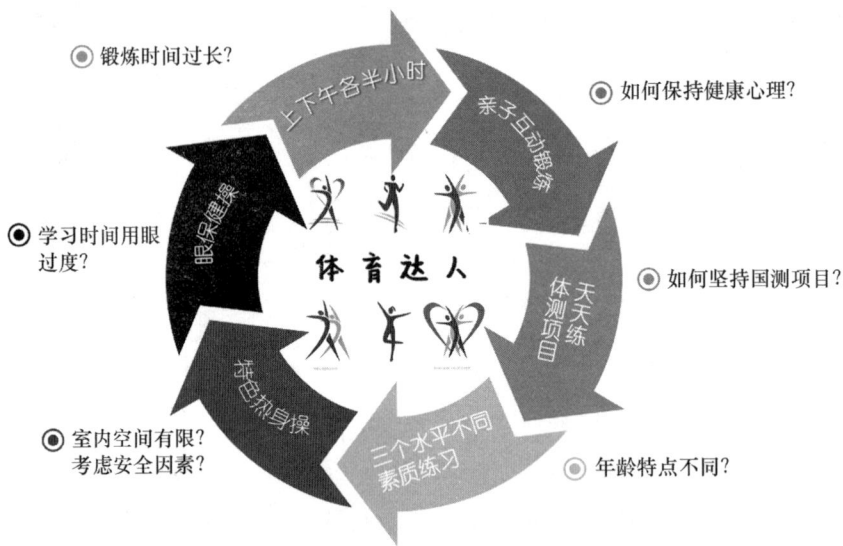

（四）以"美"育情

班级社区交流关注学生艺术素养的提升、关注学生个性发展，为学生搭建创意表达平台，让同学们的艺术才华大放异彩。集团收集到涉及5 大类、40 余种艺术特长项目的展示材料共计 3179 份。从这些展示材料中，我们可以充分感受到孩子们在疫情期间的艺术生活是丰富多彩的，艺术素养得以不断提升。在这一特殊时期，借助各种艺术形式，孩子们将艺术融入生活，能够从生活中发现美、感知美、创造美，获得真切的艺术体验，在"专注"与"绽放"中形成创造、尊重、责任、生命、规则五大基本意识，从而成长为积极向上、健康快乐、善于交往、乐于表达的"和谐"的人。

（五）以"劳"育心

集团在课程设计中秉承"要让孩子掌握生存的能力，端正生活的态度，促使生命的完善"这一理念，不断提升学生的劳动技能、劳动意识。在疫情的非常时期，在各个班级社区交流平台中，我们欣喜地发现家务劳动已经成为孩子们居家生活的重要组成部分，孩子们在居家生活中展示出了劳动能力的成长。在居家劳动过程中，孩子们动手动脑、脑

体结合，并在这一过程中实现树德、增智、强体、育美。例如，有的孩子填写了"我是家庭一分子，参与劳动最光荣"的学习单，认真记录着每天参加的家务劳动，并进行着自我评价和反思；有的孩子学习花馍制作，从揉面、擀面、拉面再到造型，认真做好一道道程序，实现饮食与艺术的完美结合；有的孩子记录美食制作的整个过程，从多次失败中总结经验，感悟失败是成功之母的人生经验。

三、班级社区资料反馈对推进集团教育综合改革有哪些启示?

透过大量的班级社区反馈资料,我们可以对史家学生在德、智、体、美、劳等各个方面的成长状况进行立体审视。为进一步推进集团教育综合改革,我们可以从如下几个动作入手。

第一个动作是"补齐"。史家学生在"五育并举"方面奠定了一定的成长基础,但是并不是每个学生都能做到"五育"的全面发展。因此,我们应针对学生发展现状开展专题研究,"补齐"五育中存在的短板,尤其是要落实中共中央、国务院《关于全面加强新时代大中小学劳动教育的意见》,优化劳动课程设置,培养学生正确的劳动价值观和良好的劳动品质。

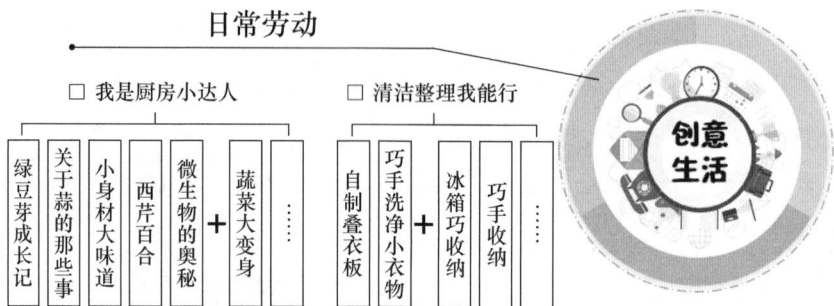

日常劳动

□ 我是厨房小达人　　□ 清洁整理我能行

绿豆芽成长记　关于蒜的那些事　小身材大味道　西芹百合　微生物的奥秘　+　蔬菜大变身　……　自制叠衣板　巧手洗净小衣物　冰箱巧收纳　巧手收纳　+　……

创意生活

第二个动作是"整合"。我们应清晰地认识到"五育并举"并不是德智体美劳 5 个基本面发展的机械叠加,集团育人工作要以"五育"为抓手,在"并举"上下功夫,发挥育人合力。具体而言,要进一步发挥无边界课程的育人优势,突破学科边界、时空边界,面向"整体的人"开展育人实践,让"心有温度、行有智慧""勤于学习、乐于创新""学而不厌、挫而不败"的史家学生特质持续生发。

第三个动作是"回归"。疫情虽让学生的学习行为转到线上,但是我们要引导学生的学习场域回归生活。"再炫目的虚拟都无法代替最朴素的真实",在线教学弥补了线下课堂的一些缺陷,但并不意味着可以成为学生学习的全部内容。我们要进一步引导学生突破"书本知识是学

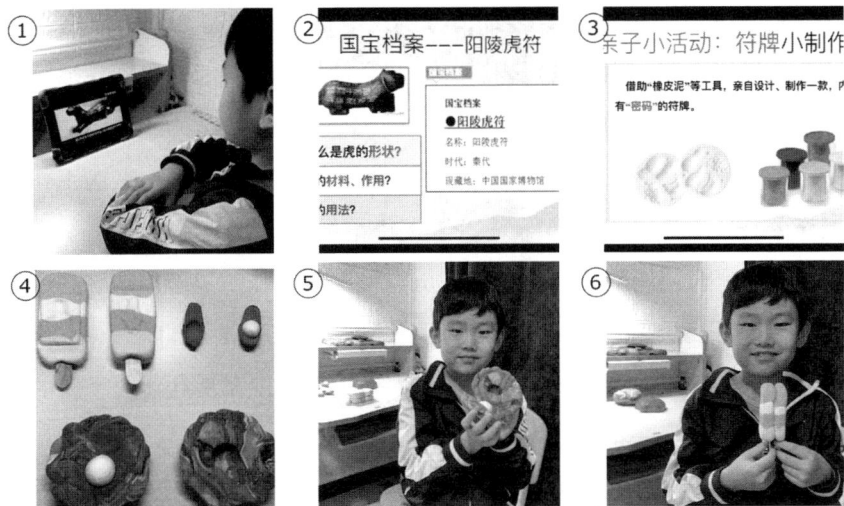

生全部世界"的认识局限，开展线上学习与线下学习相结合的混合式学习，让整个世界都成为学生成长的教科书，让学习进一步回归真实。

四、"延期开学不停学"期间的德育工作是如何开展的？

各校区德育干部汇报居家学习工作情况

集团德育部落实东城区德育工作部署，在"为居家学习提供好服务"的精神引领下，按照"健康第一、面向全体、'五育并举'、自主发展、家校协调"5个原则，进行"延期开学不停学"阶段的德育工作复盘。

集团各校区 14 名德育干部，分别从"严防死守健康第一、自主探究全面发展、服务学习责任担当、面向全体关注个体、"五育并举"尊重差异、家校协同助力成长、师者情怀温暖相伴、在线研修专业提升"8 个方面进行了前期工作梳理，聚焦了集团德育工作特色。这次工作汇报充分体现了集团德育部面对"学生疫情数据上报、学生居家学习生活、指导家长协同教育、班主任队伍建设"等工作时，思想统一、步调一致、特色凸显、温暖前行，也为下一阶段工作指出了方向。

接下来，集团德育部将结合集团整体工作安排在复盘前期工作的基础上再次研讨下一步工作内容。定方向、定战略、定发展、出方案、出建议、出流程，做好学生、家长和教师的全面服务工作。

一是深入贯彻德育工作的生活逻辑。道德是源于生活、内在于生活的。德育的最终目的不是为了道德，而是为了美好的生活。抗击疫情这一特殊时期为我们的德育工作回归生活提供了重要契机，也让我们对德育工作的生活逻辑有了更深刻的认知。正式复课之后，集团德育工作将以学生的真实生活为基础，引导学生学会关注、反思、改变生活，提高他们生活建构的品质和能力，并在此基础上实现道德品质的持续提升。

二是深入构建德育工作的课程逻辑。"延期开学不停学"期间，集团充分发挥无边界课程的育人价值，尤其是以"服务学习"为引领，彰显史家学子的责任和担当。在今后的德育工作中，集团还将继续发挥课堂教学的主渠道作用，将德育内容细化落实到各学科课程的教学目标之中，融入、渗透教育教学全过程，积极进行课程育人的方向性把握、整体性构建、学科性渗透与校本化实践，不断增强德育工作的时代性、科学性和实效性。

三是深入推进德育工作的实践逻辑。在抗击疫情这一德育实践活动中，我们可以发现学生不再是道德生活的"旁观者"或"局外人"，而是以"当事人"的心态，从道德规范的"知晓"转向道德行为的"志行"，不断践行着史家教育集团"志在家国、学无边界"的育人导向。在今后的德育工作中，我们将继续推进德育工作的实践逻辑，赋予德育以时代的意义和精神内涵，促使学生不断实现学习和行为的统一，将道德观念内化为所认可、所信奉的行为规范和价值准则。

开学延期，成长如期。我们坚信，经历了疫情砥砺，史家学子合作探究的学习力、立志报国的内驱力、"五育"蓬勃的生长力定会有效提升，从而担当起复兴中华的时代重任！

中国战"疫"中的史家情怀

——史家教育集团校务会综述

（2020 年 4 月 6 日）

3 月 30 日，史家教育集团召开校务扩大会议，深入研究总结梳理"延期开学不停学"期间"和谐课堂"取得的阶段性成果，对当前工作进行再部署。10 位"班级社区"的负责人、5 位干部通过视频会议的形式分享了第 5 周各自社区学生、教师的收获及发现的问题。从中我们可以看到，"班级社区"作为一种线上育人模式，在强化党建引领、凸显教师发展、增强家校育人合力、提升学校治理能力等方面具有突出作用。

一、所有干部反思如何在工作中彰显史家情怀？

本次校务扩大会议，集团各校区干部认真开展了政治理论学习，结合学习内容，所有干部也进行了深刻反思。如何在战"疫"中彰显史家情怀，在战"疫"同时聚焦我们的教育思考，助推我们的学校治理结构，系统梳理、理性分析我们的管理理念。干部们纷纷表示，一定要认真总结前一阶段的工作成果，系统梳理、理性分析，从分析中固化经验，提取方法，为下一阶段工作打好基础。要在学生的成长中、在教师的提升中、在学校工作的整体推进中彰显史家人的教育情怀。

二、聚焦教育本质，非常时期给孩子什么样的教育？

疫情对学校管理、育人模式都是一场大考，疫情中我们再一次聚焦办学理念，对"和谐教育"的本质有了更深层次的思考：在特殊时期，我们更需要通过培养学生的科学素养、担当精神、尊重生命的态度、宽容接纳的心态、自主学习的能力来达到人与人、人与社会、人与自身、人与知识、人与自然的和谐统一。

1. 给予学生健康教育。健康的体魄是学生拥有幸福生活的基础，无论是在"和谐课堂"中还是在线上交流中，老师们都应该把健康的意识传递给学生，引导学生养成自觉锻炼的习惯，掌握科学的锻炼方法，让健康的生活方式和强健的体魄伴随学生一生。

2. 给予学生正能量的引导。这次疫情让我们看到了政府执政的能力，看到了强大的综合国力，看到了一个战无不胜的民族；让每一个家庭感受到了家的可贵，让每一名学生看到了学校和老师为他们的付出。民族的伟大、制度的优越、教育者的担当、家庭的温暖都在潜移默化地向学生进行着爱国、爱家、爱老师、爱学校的教育，"家国情怀"的种子也悄然根植在每一个学生心中。

3. 给予学生生命教育。生命、生存、生活三者息息相关。疫情过后，我们应该让学生懂得敬畏自然，敬畏生命；懂得人与自然相互依存相互维系；要引导学生认知生命、懂得人与自然的相处之道，激发他们对生命、对自然、对生活的热爱。

4. 给予学生感恩教育。病毒无情，但人间有爱。抗疫中我们看到了"逆行者"的美丽背影，那是一股充满爱的力量。

我们要善于把握教育契机，对于抗疫中这些心怀大爱的"逆行者"要心存感恩，从他们的大爱中学会感恩，做一个传播爱的使者。

5. 给予学生应变的能力。突发事件，非常时期，非常规的学习方式都是学生需要面对的。我们应该引导学生用包容接纳的心态面对，在短时间内适应；引导学生安排好自己的生活、学习，让学生的自律意识、自主学习能力逐步提升。

6. 给予学生成长的动力。开学延期但学生的成长没有延期，我们的教育没有延期。面对疫情，学校与家庭形成合力，培养学生积极向上的态度、主动获取知识的能力，为学生塑造正确的价值观。要引导学生将疫情中的磨砺作为成长的内驱动力，引导他们敢于在今后的人生中面对一切挑战。

三、班级社区中学生获得成长

10 位班级社区组长老师和 5 位干部通过鲜活的案例以及翔实的数据为我们展示了线上社区在促进学生成长方面发挥的作用。

1. 学习力不断提升。在第二阶段的线上社区交流中，越来越多的学生由单纯关注知识获得向关注方法获取转变。很多同学不再是被动接受知识而是主动梳理、整合所学知识，很多学生在展示中能够自然娴熟地使用"梳理概括法""笔记摘抄法""阅读标注法""示范模仿法""讲解演示法""尝试操作法"。其中最受欢迎的学习方法是梳理概括法。很多同学将其广泛应用到语文、数学、科技、英语等各个学科，甚至用它来规划自己的作息时间。还有的同学将自己在"和谐课堂"上学到的方法迁移到生活中，设计出更有趣的棋牌游戏，丰富了自己的生活，让所学方法内化于心、外化于行。方法的获得和应用折射出的是学生思维的成长，是学生学习力的提升。超强的学习力将会为其未来的学习奠定基础。

2. 自我管理能力不断提升。在社区分享的第二阶段，学生线上展示形式更加丰富多样。或进行知识梳理，或呈现课堂笔记，或分享学习的方法和小妙招，或动手实践……总之，居家学习的日子里，孩子们有更多的时间去总结、梳理、阅读和实践，自主学习和自我管理能力明显提升。

3. 学习内驱力不断增强。在第二阶段的分享中我们看到了很多"原创作品",自编小视频、弹唱儿歌、创作小报、图文制作等,都是对知识的再创造,在创意表达中反思并提升自我。

四、班级社区促进教师专业发展

在本次社区经验综述中,干部教师都提到了线上班级社区对教师专业发展的促进,从中让我们看到了师生共同成长的良好态势。

1. 更加关注学生内心世界。特殊时期的特殊交流方式让我们的老师意识到,要善于从学生的话语中把握他们情绪的脉搏,挖掘学生语言或行为背后的故事,这样才能与学生建立真正心与心的交流。老师们通过线上交流的梳理汇总,关注到学生存在的心理问题。针对这些不同的情况,老师们在点评中运用"分散注意法""精神激励法""行为引导法"等多种方法疏导学生的心理,让原本并不熟识的师生建立起心灵共鸣。

2. 研究力不断提升。在社区交流过程中,我们的教师由任务驱动转变为研究驱动。对学生的展示和教师的点评进行总结、梳理,从中总结教育规律、提炼教育策略,教师的反思力、研究力不断提升。有的教师根据学生的分享展示情况反观学生的学习状态,将学生分为 3 个层次,并针对不同层级学生提出教学策略;还有的教师从学生的学习方法入手,将其进行归类整理并反观方法背后的思维方式,为今后的教学储备更多资源。总之,史家的老师们把社区交流这一平台当作专题研究的新场域,让研究成为工作的常态,为后续的教育教学工作奠定了基础。

3. 全学科视角正在形成。在线上社区我们总是能看到:数学老师指点学生的体育技能,体育老师赞美学生的美术作品,美术老师夸奖学生的英语诵读,书法老师在品味学生的厨艺。老师们看到的学生作品是五花八门的,点评的作品不仅仅局限于本学科知识,而是涉及各个学科。线上的学科融合促使教师不断学习充实自己,教师的全学科视角正在形成。

4. 综合能力快速提升。线上社区交流的及时性、灵活性对教师提出了更高的要求，每位老师要根据学生展示快速作出反应，并用精准语言进行点评。这对教师是一种考验也是一种促进。教师的应变能力、思维能力、语言组织能力都在线上点评中快速提升，这段经历对教师们今后的课堂教学也将是一种促进。

五、线上班级社区经验梳理为学校管理带来新思考

1. 尝试长链条培养新探索。社区群中有 1～6 年级每个年级的学生，在展示自己的同时，更是向他人学习的机会。在"班级社区"的交流中，高年级学生可以回顾自我成长历程，低年级学生能够展望未来几年发展前路。他们在相互学习中能更加清晰地定位自身成长阶段，明确 6 年学习乃至今后的成长使命。线上班级社区是特殊时期的新尝试，但同时也给了我们后续工作很多启发。如何从学校管理的角度促进不同年级知识、心理、能力等多方面的自然衔接，帮助学生做好成长规划是我们今后工作的另一个着力点。

2. 构建"线上线下"课程融合新常态。网络学习背景下的课程建设，学习方式变革正是敲开教育 4.0 时代大门的一次预演。疫情期间的网络平台学习、线上班级交流，使我们的学生接受了一次真实的彩排。而学校需要将在"彩排"中获得的经验、成果进行梳理、归因，在今后的教育教学中将"线上"与"线下"有机融合，形成互为补充、互为促进的教育教学新常态。

3. 打造家校共育新平台。线上班级社区的建立不仅能够促使年龄不同、基础不同、兴趣不同的孩子们自由交流、互相学习、共同成长，更为家长、老师营造了一个自由、平等的交流场域。在这里，不同的学生、不同的家庭平等交流、共享资源，共同构建和谐的家校关系，从而形成合作共育的新格局。这一"家校沟通"的新平台更加便利、更加

灵活，有限时间内获取的信息量更大，探索出学校"家校协同"的新路径。

4.激发办学理念新思考。非常时期，我们再次聚焦教育的本质，特殊时期，如何丰富完善"和谐教育"办学理念，让"'立德树人'的根基赋予学生成长的无限可能"成为每个史家人的使命和责任。这就促使我们进一步优化集团治理结构，不断深化教育教学改革，达成"多元群动　和谐共治"的现代化治理体系。在"班级社区"建设过程中，我们可以看到这一治理模式逐渐从理念走向实践、从战略走向落地。而"史家情怀"正是在这一理念的不断实践中得以最好的诠释。

第三节

工会活动
暖人心

放歌敬英雄　元夕待春归

——史家防疫集结工会报道

（2020 年 2 月 8 日）

今天是正月十五，又到了"东风夜放花千树"的元宵节。史家人在群里互祝佳节的同时，心系奋战在抗疫一线的白衣天使、不知名的英雄。各学校工会发起了佳节敬英雄的活动，倡导全体教职工在群中祝福英雄。

自疫情发生以来，史家工会始终与全体史家人在一起。工会群中一句句暖心问候，一条条防护建议，一篇篇感人事迹，让这个笼罩在疫情下的寒冷冬天日日有了暖阳。近日史家工会群中热传这样一首歌——《致敬！奋战在一线的白衣天使》，在工会李大明主席的号召下，各学校工会会员开展学唱、试唱活动。大家一致点赞史家实验学校张振华老师的演唱，推荐他为工会的"英雄赞歌"MV 配唱。张老师表示：在这场突如其来的疫情面前，作为一名党员教师，我把心中力量融入这首歌曲里，致敬奋战在一线的白衣天使与无数英雄；更想用我的歌声，唤起更多的人为武汉加油，为中国加油！

史家小学工会主席李大明、遂安伯小学工会主席宋菁、史家七条小学工会主席吴玥、史家实验学校工会主席王燕红联名发起节目问候：

在此元宵佳节之际，我们代表史家教育集团 545 名教职工，向奋战在抗击疫情前线的医务工作者、解放军指战员、公安干警以及所有参与到这场疫情阻击战的工作人员致以最崇高的敬意，你们辛苦了！

向正在与病魔作斗争的患者们送上最诚挚的祝福，祝你们早日康复，与家人团聚！

　　向史家教育集团的全体教职员致敬，你们每日提醒学生学习防疫知识、做好自我防护；你们每天按时统计、准确上报人员信息数据；你们不顾安危加班加点筹备延期开学不停学工作，学校工会向你们道一声：节日快乐！

　　我们坚信，通过大家的努力，我们一定能赢得这场疫情阻击战的胜利！家国情怀，使命担当，无难不克，无坚不摧！

　　为了再次表达敬意和祝福，在此佳节之际，老师们在工会小家里为一线英雄们献上真心的祝福：疫情当前，史家教育集团的全体工会会员愿当好疫情防控知识的积极宣传者、疫情防控措施的坚定执行者、网络正能量的践行者和传播者。发扬工人阶级伟大品格，强化担当、顾全大局，听从指挥、不畏艰险，立足本职、扎实工作，在防控疫情的战场上践行初心使命，在打赢疫情防控阻击战中展现担当作为。

　　值此元宵佳节，全体史家人坚信如期而至的不仅是佳节和春天，还有平安归来的所有人！愿家家平安，共享团圆！

在花开的日子里
——史家教育集团七条小学报道
（2020 年 3 月 8 日）

在花开的日子　遇见最美的你

美丽的三月，花开的时节，2020 年的 3 月 8 日悄悄来到我们身边。这是花开的日子。曾经在这一天，我们收到孩子们送来的祝福：一张张小贺卡、一张张笑脸犹在眼前，一句句暖心的话儿犹在耳边。这是春暖师心的日子，曾经……

这是温暖的日子，曾经得到亲切的问候、关怀和祝愿……

这是凝聚的日子，曾经团聚一堂，其乐融融大家在一起……

2020 年 3 月 8 日，是战"疫"中一个特别的日子

没有硝烟，但有冲锋；没有流弹，但有新冠……一个多月以来，老师们一边做好自身防护，一边扑在工作上，奏响了每日的打卡新曲，谱

写了每周的课程新篇……

2020 年 3 月 8 日，工作着的你是美丽的

2020 年 3 月 8 日，这是一个亲情浓郁的日子

我们和孩子一起为武汉加油，我们懂得家国的真正含义，我们教育孩子从小懂得努力进取，母亲和教师的双重角色完美地结合在一起……

史家七条小学工会委员们为大家发来了节日祝福：

吴　玥：2020 年 3 月 8 日，我们迎来了一个特殊的"三八"国际劳动妇女节。虽然我们不能团聚在校园内，但会员们的心一直在一起相互温暖着。大家分别在家办公、在学校坚守工作岗位，每个人都在为抗击疫情做着自己的努力。老师们、会员朋友们，愿大家能保护好自己的身体，照顾好家人的安康，为孩子们的成长全力以赴。共同坚守、共同努力、共同迎接春暖花开的到来。祝大家节日康宁！

朱锡昕：亲爱的姐妹们，你们好，马上又到属于我们自己的节日了。每年的这一天我们都会相聚在一起，感受到节日的温馨。

然而今年的这一天，我们看到被感染的同胞，面对着救助患者的逆行者，还有那些正在抗击疫情前线奋斗着的伙伴们，我们担忧，我们心疼。但是病毒没有给我们忧愁的时间，因为战役还在继续。直到今日几十万医护人员、解放军战士、民警和社区工作人员仍然奋斗在抗"疫"一线，其中超过一半是女性，她们是母亲，是女儿，也是我们的姐妹，她们也需要温暖和支持！在这特殊的节日里，我们要将崇高的敬意、温暖的关心、坚持的力量送给她们——我们心中的巾帼英雄，助力她们战胜疫情，早日凯旋。

金利梅："疫情面前，没有局外人，因为没有人是一座孤岛。"在疫情面前，希望每一位老师都能拥有勇气和力量，在家安心备课，照顾好自己和家人，待到春暖花开，战"疫"胜利后，我们在校园相聚！

李宝莉：待到山花烂漫时，咱们回学校。还有一个美好的祝福：别来无恙！

李　莉：隔断病毒但不隔离爱！老师们一定认真做好防护，生活有序，起居有时，适当锻炼，乐观积极，期待着和大家见面的那一天！祝大家节日安康，阖家幸福。

张　澍：我知道在特殊时期老师们一点也不轻松，在家坚守岗位，通过网络一如既往地热心回答问题。三八妇女节即将来临，祝我们的女老师们在家踏实工作，照顾好家人，幸福生活每一天！

王　磊：疫情期间，孩子们"停课不停学"，老师们"停课不停研"，克服各种困难精心录制网课，满足孩子们的各种学习需求；老师们每天关心学生，关注家庭，时刻提醒孩子们、家长们做好安全防护工作，阻断病毒从每个人做起。

祝女老师们节日安康！大家同心同德，坚决打赢这场没有硝烟的战争，中国加油！

李　阳：大家在这个特殊时期里坚守阵地，在任何时候，我们七条人都一直坚持着，用我们的力量，给孩子和家长们温暖，让我们携手并肩，一起打赢这场没有硝烟战争，加油！

2020 年 3 月 8 日，更是一个遇见伟大的日子

三月最美花期至，艳胜桃李竞芬芳。亲爱的老师们，今天是国际"三八"妇女节，让我们再一次凝望这些逆行者的面容，不仅仅是美好而是神圣——为女则柔，为母则刚，为国则圣！面对肆虐的病毒，面对垂危的生命，面对患者的呼唤，面对生与死的取舍，她们在一路向前，绝无退缩……

今天，花开的日子，也是我们遇见伟大的日子。在这个时刻，让我们首先祝福那些向着生命之光坚强奋战的英雄——祝她们凯旋得胜，平安归来，安心地走在浓郁的春光里，心花烂漫！

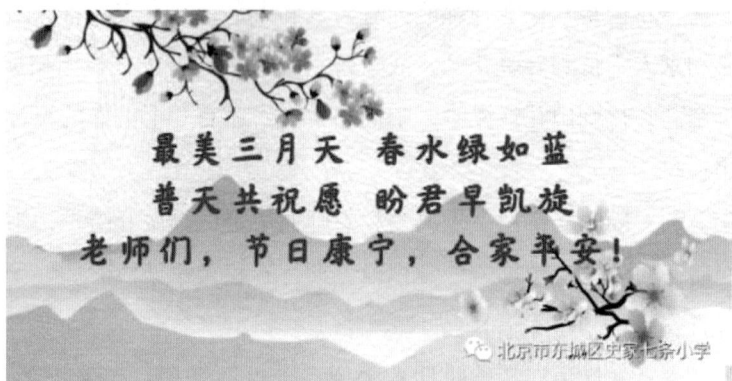

最美三月天　春水绿如蓝
普天共祝愿　盼君早凯旋
老师们，节日康宁，合家平安！

北京市东城区史家七条小学

铿锵玫瑰，环聚情深

——史家教育集团国际妇女节专题

（2020 年 3 月 8 日）

总有冰雪消融日　又见人间三月天

在 3 月 8 日联合国妇女权益和国际和平日再次到来之际，史家小学全体师生谨此向我们身边所有的女性致以我们心中最真诚的敬意、感谢和祝福！

各位尊敬的女性长辈、女性老师、女性榜样、女性朋友们，就让云为我们传去声音，让光为我们寄去花朵，让心为我们送抵爱意与温柔。

云间寄语——我们的祝福

云中谁寄锦书来，雏凤殷勤为探看。

听，这是我们心底流出的声音——尊敬的女性们，感谢你们的陪伴，感激你们的付出，感恩你们让这平凡的朝朝暮暮有了天地不言的大美，有了人间烟火的温度。

向奋战在战疫一线、坚守在防控前沿的女性致敬！

向在本职岗位上敬业、奉献的亲人、师长致以诚挚的节日祝福！

——史家师生代表李大明、崔旸、郑忠伟、化天泽、

刘宸莱、刘漱愚、王胤明、邢臣洋

值此特殊时期的女神节，禹晴携妈妈录制英文散文诗《青春》，如诗中所写，青春不是年华，而是心境。我们理解的女子力，是柔美之韧性，独立且坚强。

——英文诗《青春》朗诵：三（1）班王禹晴和妈妈

铿锵玫瑰——我们的敬意

休言女子非英物，逆火英雄多红妆。

在抗击疫情的第一线，你们如同身披铠甲的勇士，争分夺秒不懈奋战，守护着祖国人民健康平安的防线。

看，这是孩子们亲手制作的玫瑰。愿这些最稚嫩最温柔的花朵，能够抚平那些伤痕，能够拥抱那些思念，能够成全早日的团圆。

环聚情深——我们的礼物

心系千结，鱼传尺素。

在我们中国有一种古老的习俗，从汉朝传承至今已经两千多年了，那就是佩戴用五彩线绳编制的手链。人们认为佩戴用彩色线绳编制的手链可以驱邪避祸、保佑平安。在现在抗击疫情的特殊时期，史家小学和谐课程开设了利用数学知识制作盘编器，引导学生动手设计、编制手链。有一种祝福是亲手制作；有一种祝愿是发自心底；有一种美好是心手相连。同学们借助自己编制的手链，将美好的祝福蕴含其中，作为妇女节的一份小心意送给自己心中最美的女性。

看，课程学习中，孩子们用一双双温柔手做出了一条条质朴的手环。这是我们心的礼物、爱的返还。希望这小小的手环能够牵系你温暖的手，让时光轻缓，留人间清欢。

看孩子们认真专注的眼神：

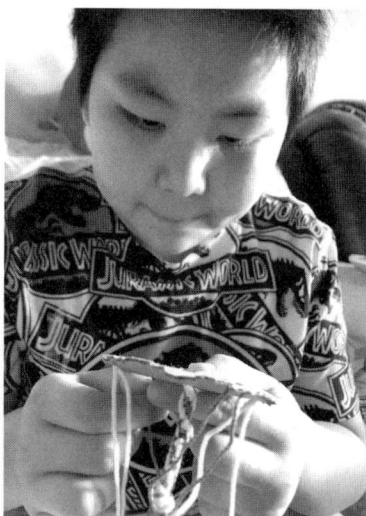

看孩子们情深意切的作品：

　　云想衣裳花想容，春风拂槛露华浓。有你们的笑容，这春天才算完整。奋战一线的巾帼英雄们，我们期待你们的凯旋；忙碌家中的幕后英雄们，我们感谢你们的无私付出。让我们拥抱彼此、拥抱春天，带着感恩与坚强的心再出发！